AF403997

CODE

FORESTIER.

CODE
FORESTIER.

PARIS,

Mme Ve J. DÉCLE, successeur de RONDONNEAU, au *Dépôt des Lois*, place du Palais de Justice, n° 1.

1827.

TABLE

Des Titres et Sections du Code Forestier.

(6)

CODE FORESTIER.

CHARLES, par la grace de Dieu, Roi de
France et de Navarre, à tous présens et
à venir, salut.

Nous avons proposé, les Chambres ont
adopté, nous avons ordonné et ordonnons
ce qui suit :

TITRE PREMIER.

Du régime forestier.

Art. 1er. Sont soumis au régime forestier, et seront administrés conformément aux dispositions de
la présente loi,

1° Les bois et forêts qui font partie du domaine
de l'État ;

2° Ceux qui font partie du domaine de la cou‑
ronne ;

3° Ceux qui sont possédés à titre d'apanage et de majorats réversibles à l'État ;

4° Les bois et forêts des communes et des sections de communes ;

5° Ceux des établissemens publics ;

6° Les bois et forêts dans lesquels l'État, la couronne, les communes ou les établissemens publics ont des droits de propriété indivis avec des particuliers.

2. Les particuliers exercent sur leurs bois tous les droits résultant de la propriété, sauf les restrictions qui seront spécifiées dans la présente loi.

TITRE II.

De l'Administration forestière.

3. Nul ne peut exercer un emploi forestier, s'il n'est âgé de vingt-cinq ans accomplis ; néanmoins les élèves sortant de l'école forestière pourront obtenir des dispenses d'âge.

4. Les emplois de l'administration forestière sont incompatibles avec toutes autres fonctions, soit administratives, soit judiciaires.

5. Les agens et préposés de l'administration forestière ne pourront entrer en fonctions qu'après avoir prêté serment devant le tribunal de première instance de leur résidence, et avoir fait enregistrer leur commission et l'acte de prestation de leur serment au greffe des tribunaux dans le ressort desquels ils devront exercer leurs fonctions.

Dans le cas d'un changement de résidence qui les placerait dans un autre ressort en la même qualité, il n'y aura pas lieu à une autre prestation de serment.

6. Les gardes sont responsables des délits, dégâts, abus et abroutissemens qui ont lieu dans leurs triages, et passibles des amendes et indemnités encourues par les délinquans, lorsqu'ils n'ont pas dûment constaté les délits.

7. L'empreinte de tous les marteaux dont les agens et les gardes forestiers font usage, tant pour la marque des bois de délit et des chablis que pour les opérations de balivage et de martelage, est déposée au greffe des tribunaux, savoir :

Celle des marteaux particuliers dont les agens et gardes sont pourvus, aux greffes des tribunaux de première instance dans le ressort desquels ils exercent leurs fonctions ;

Celle du marteau royal uniforme, aux greffes des tribunaux de première instance et des cours royales.

TITRE III.

Des Bois et Forêts qui font partie du domaine de l'État.

Section Ire.

De la Délimitation et du Bornage.

8. La séparation entre les bois et forêts de l'État et les propriétés riveraines pourra être requise, soit

par l'administration forestière, soit par les propriétaires riverains.

9. L'action en séparation sera intentée, soit par l'Etat, soit par les propriétaires riverains, dans les formes ordinaires.

Toutefois, il sera sursis à statuer sur les actions partielles, si l'administration forestière offre d'y faire droit dans le délai de six mois, en procédant à la délimitation générale de la forêt.

10. Lorsqu'il y aura lieu d'opérer la délimitation générale et le bornage d'une forêt de l'Etat, cette opération sera annoncée deux mois d'avance par un arrêté du préfet, qui sera publié et affiché dans les communes limitrophes, et signifié au domicile des propriétaires riverains ou à celui de leurs fermiers, gardes ou agens.

Après ce délai, les agens de l'administration forestière procéderont à la délimitation en présence ou en l'absence des propriétaires riverains.

11. Le procès-verbal de la délimitation sera immédiatement déposé au secrétariat de la préfecture, et par extrait au secrétariat de la sous-préfecture, en ce qui concerne chaque arrondissement. Il en sera donné avis par un arrêté du préfet, publié et affiché dans les communes limitrophes. Les intéressés pourront en prendre connaissance, et former leur opposition dans le délai d'une année, à dater du jour où l'arrêté aura été publié.

Dans le même délai, le Gouvernement déclarera s'il approuve ou s'il refuse d'homologuer ce procès-verbal en tout ou en partie.

Sa déclaration sera rendue publique de la même manière que le procès-verbal de délimitation.

12. Si, à l'expiration de ce délai, il n'a été élevé aucune réclamation par les propriétaires riverains contre le procès-verbal de délimitation, et si le Gouvernement n'a pas déclaré son refus d'homologuer, l'opération sera définitive.

Les agens de l'administration forestière procéderont, dans le mois suivant, au bornage, en présence des parties intéressées, ou elles dûment appelées par un arrêté du préfet, ainsi qu'il est prescrit par l'article 10.

13. En cas de contestations élevées, soit pendant les opérations, soit par suite d'oppositions formées par les riverains en vertu de l'article 11, elles seront portées par les parties intéressées devant les tribunaux compétens, et il sera sursis à l'abornement jusqu'après leur décision.

Il y aura également lieu au recours devant les tribunaux de la part des propriétaires riverains, si, dans le cas prévu par l'article 12, les agens forestiers se refusaient à procéder au bornage.

14. Lorsque la séparation ou délimitation sera effectuée par un simple bornage, elle sera faite à frais communs.

Lorsqu'elle sera effectuée par des fossés de clôture, ils seront exécutés aux frais de la partie requérante, et pris en entier sur son terrain.

SECTION II.

De l'Aménagement.

15. Tous les bois et forêts du domaine de l'Etat sont assujétis à un aménagement réglé par des ordonnances royales.

16. Il ne pourra être fait dans les bois de l'Etat aucune coupe extraordinaire quelconque, ni aucune coupe de quarts en réserve ou de massif réservés par l'aménagement pour croître en futaie, sans une ordonnance spéciale du Roi, à peine de nullité des ventes; sauf le recours des adjudicataires, s'il y a lieu, contre les fonctionnaires ou agens qui auraient ordonné ou autorisé ces coupes.

Cette ordonnance spéciale sera insérée au Bulletin des lois.

SECTION III.

Des Adjudications des Coupes.

17. Aucune vente ordinaire ou extraordinaire ne pourra avoir lieu dans les bois de l'Etat que par voie d'adjudication publique, laquelle devra être annoncée, au moins quinze jours d'avance, par des affiches apposées dans le chef-lieu du département, dans le lieu de la vente, dans la commune de la situation des bois, et dans les communes environnantes.

18. Toute vente faite autrement que par adjudica-

tion publique sera considérée comme vente clandestine, et déclarée nulle. Les fonctionnaires et agens qui auraient ordonné ou effectué la vente seront condamnés solidairement à une amende de 5,000 francs au moins, et de 6,000 francs au plus, et l'acquéreur sera puni d'une amende égale à la valeur des bois vendus.

19. Sera de même annullée, quoique faite par adjudication publique, toute vente qui n'aura point été précédée des publications et affiches prescrites par l'article 17, ou qui aura été effectuée dans d'autres lieux ou à un autre jour que ceux qui auront été indiqués par les affiches ou les procès-verbaux de remise de vente.

Les fonctionnaires ou agens qui auraient contrevenu à ces dispositions seront condamnés solidairement à une amende de 1,000 à 5,000 francs; et une amende pareille sera prononcée contre les adjudicataires, en cas de complicité.

20. Toutes les contestations qui pourront s'élever pendant les opérations d'adjudication, sur la validité des enchères ou sur la solvabilité des enchérisseurs et des cautions, seront décidées immédiatement par le fonctionnaire qui présidera la séance d'adjudication.

21. Ne pourront prendre part aux ventes, ni par eux-mêmes, ni par personnes interposées, directement ou indirectement, soit comme parties principales, soit comme associés ou cautions :

1° Les agens et gardes forestiers et les agens forestiers de la marine, dans toute l'étendue du royaume, les fonctionnaires chargés de présider ou de concourir aux ventes, et les receveurs du produit des coupes, dans toute l'étendue du territoire où ils exercent leurs fonctions.

En cas de contravention, ils seront punis d'une amende qui ne pourra excéder le quart ni être moindre du douzième du montant de l'adjudication, et ils seront en outre passibles de l'emprisonnement et de l'interdiction qui sont prononcés par l'art. 175 du Code Pénal;

2° Les parens et alliés en ligne directe, les frères et beaux-frères, oncles et neveux des agens et gardes forestiers et des agens forestiers de la marine, dans toute l'étendue du territoire pour lequel ces agens ou gardes sont commissionnés.

En cas de contravention, ils seront punis d'une amende égale à celle qui est prononcée par le paragraphe précédent;

5° Les conseillers de préfecture, les juges, officiers du ministère public et greffiers des tribunaux de première instance, dans tout l'arrondissement de leur ressort;

En cas de contravention, ils seront passibles de tous dommages-intérêts, s'il y a lieu.

Toute adjudication qui serait faite en contravention aux dispositions du présent article, sera déclarée nulle.

22. Toute association secrète ou manœuvre entre les marchands de bois ou autres, tendant à nuire aux enchères, à les troubler ou à obtenir les bois à plus bas prix, donnera lieu à l'application des peines portées par l'article 412 du Code Pénal, indépendamment de tous les dommages-intérêts; et si l'ad-

judication a été faite au profit de l'association secrète ou des auteurs desdites manœuvres, elle sera déclarée nulle.

23. Aucune déclaration de command ne sera admise, si elle n'est faite immédiatement après l'adjudication et séance tenante.

24. Faute par l'adjudicataire de fournir les cautions exigées par le cahier des charges dans le délai prescrit, il sera déclaré déchu de l'adjudication par un arrêté du préfet, et il sera procédé, dans les formes ci-dessus prescrites, à une nouvelle adjudication de la coupe à sa folle-enchère.

L'adjudicataire déchu sera tenu, par corps, de la différence entre son prix et celui de la revente, sans pouvoir réclamer l'excédant, s'il y en a.

25. Toute personne capable et reconnue solvable sera admise, jusqu'à l'heure de midi du lendemain de l'adjudication, à faire une offre de surenchère, qui ne pourra être moindre du cinquième du montant de l'adjudication.

Dès qu'une pareille offre aura été faite, l'adjudicataire et les surenchérisseurs pourront faire de semblables déclarations de simple surenchère, jusqu'à l'heure de midi du surlendemain de l'adjudication, heure à laquelle le plus offrant restera définitivement adjudicataire.

Toutes déclarations de surenchère devront être faites au secrétariat qui sera indiqué par le cahier des charges, et dans les délais ci-dessus fixés ; le tout sous peine de nullité.

Le secrétaire commis à l'effet de recevoir ces déclarations sera tenu de les consigner immédiatement sur un registre à ce destiné, d'y faire mention expresse du jour et de l'heure précise où il les aura reçues, et d'en donner communication à l'adjudicataire et aux surenchérisseurs, dès qu'il en sera requis ; le tout sous peine de trois cents francs d'amende, sans préjudice de plus fortes peines en cas de collusion.

En conséquence, il n'y aura lieu à aucune signification des déclarations de surenchère, soit par l'administration, soit par les adjudicataires et surenchérisseurs.

26. Toutes contestations au sujet de la validité des surenchères seront portées devant les conseils de préfecture.

27. Les adjudicataires et surenchérisseurs sont tenus, au moment de l'adjudication ou de leurs déclarations de surenchère, d'élire domicile dans le lieu où l'adjudication aura été faite ; faute pas eux de le faire, tous actes postérieurs leur seront valablement signifiés au secrétariat de la sous-préfecture.

28. Tout procès-verbal d'adjudication emporte exécution parée et contrainte par corps contre les adjudicataires, leurs associés et cautions, tant pour le paiement du prix principal de l'adjudication que pour accessoires et frais.

Les cautions sont en outre contraignables, solidairement et par les mêmes voies, au paiement des dommages, restitutions et amendes qu'aurait encourus l'adjudicataire.

SECTION IV.

Des Exploitations.

29. Après l'adjudication, il ne pourra être fait aucun changement à l'assiette des coupes, et il n'y sera ajouté aucun arbre ou portion de bois, sous quelque prétexte que ce soit, à peine, contre l'adjudicataire, d'une amende égale au triple de la valeur des bois non compris dans l'adjudication, et sans préjudice de la restitution de ces mêmes bois ou de leur valeur.

Si les bois sont de meilleure nature ou qualité, ou plus âgés que ceux de la vente, il paiera l'amende comme pour bois coupé en délit, et une somme double à titre de dommages-intérêt.

Les agens forestiers qui auraient permis ou toléré ces additions ou changemens, seront punis de pareille amende, sauf l'application, s'il y a lieu, de l'article 207 de la présente loi.

30. Les adjudicataires ne pourront commencer l'exploitation de leurs coupes, avant d'avoir obtenu, par écrit, de l'agent forestier local, le permis d'exploiter, à peine d'être poursuivis comme délinquans pour les bois qu'ils auraient coupés.

31. Chaque adjudicataire sera tenu d'avoir un facteur ou garde-vente, qui sera agréé par l'agent forestier local et assermenté devant le juge de paix.

Ce garde-vente sera autorisé à dresser des procès-verbaux, tant dans la vente qu'à l'ouïe de la cognée.

2

Ses procès-verbaux seront soumis aux mêmes formalités que ceux des gardes forestiers, et feront foi jusqu'à preuve contraire.

L'espace appelé *l'ouïe de la cognée* est fixé à la distance de deux cent cinquante mètres, à partir des limites de la coupe.

32. Tout adjudicataire sera tenu, sous peine de 100 fr. d'amende, de déposer chez l'agent forestier local et au greffe du tribunal de l'arrondissement l'empreinte du marteau destiné à marquer les arbres et bois de sa vente.

L'adjudicataire et ses associés ne pourront avoir plus d'un marteau pour la même vente, ni en marquer d'autres bois que ceux qui proviendront de cette vente, sous peine de 500 fr. d'amende.

33. L'adjudicataire sera tenu de respecter tous les arbres marqués ou désignés pour demeurer en réserve, quelle que soit leur qualification, lors même que le nombre en excéderait celui qui est porté au procès-verbal de martelage, et sans que l'on puisse admettre en compensation d'arbres coupés en contravention, d'autres arbres non réservés que l'adjudicataire aurait laissés sur pied.

34. Les amendes encourues par les adjudicataires, en vertu de l'article précédent, pour abattage ou déficit d'arbres réservés, seront du tiers en sus de celles qui sont déterminées par l'article 192, toutes les fois que l'essence et la circonférence des arbres pourront être constatées.

Si, à raison de l'enlèvement des arbres et de leurs souches, ou de toute autre circonstance, il y a im-

possibilité de constater l'essence et la dimension des
arbres, l'amende ne pourra être moindre de 50 francs
ni excéder 200 francs.

Dans tous les cas, il y aura lieu à la restitution des
arbres, ou, s'ils ne peuvent être représentés, de leur
valeur, qui sera estimée à une somme égale à l'amende
encourue.

Sans préjudice des dommages-intérêts.

35. Les adjudicataires ne pourront effectuer aucune coupe ni enlèvement de bois avant le lever ni
après le coucher du soleil, à peine de 100 francs d'a-
mende.

36. Il leur est interdit, à moins que le procès-
verbal d'adjudication n'en contienne l'autorisation expresse, de peler ou d'écorcer sur pied aucun des bois
de leurs ventes, sous peines de 50 à 500 francs d'a-
mende ; et il y aura lieu à la saisie des écorces et bois
écorcés, comme garantie des dommages-intérêts, dont
le montant ne pourra être inférieur à la valeur des
arbres indûment pelés ou écorcés.

37. Toute contravention aux clauses et conditions
du cahier des charges, relativement au mode d'abattage des arbres et au nettoiement des coupes, sera
puni d'une amende qui ne pourra être moindre de
50 francs ni excéder 500 francs, sans préjudice des
dommages-intérêts.

38. Les agens forestiers indiqueront, par écrit,
aux adjudicataires, les lieux où il pourra être établi
des fosses ou fourneaux pour charbon, des loges ou
des ateliers ; il n'en pourra être placé ailleurs, sous
peine, contre l'adjudicataire, d'une amende de 50 fr.

pour chaque fosse ou fourneau, loge ou atelier établi
en contravention à cette disposition.

39. La traite des bois se fera par les chemins désignés au cahier des charges , sous peine, contre ceux
qui en pratiqueraient de nouveaux, d'une amende
dont le minimum sera de 50 francs et le maximum de
200 francs, outre les dommages-intérêts.

40. La coupe des bois et la vidange des ventes seront faites dans les délais fixés par le cahier des charges, à moins que les adjudicataires n'aient obtenu de
l'administration forestière une prorogation de délai ;
à peine d'une amende de 50 à 500 francs, et, en
outre, des dommages-intérêts, dont le montant ne
pourra être inférieur à la valeur estimative des bois
restés sur pied ou gisans sur les coupes.

Il y aura lieu à la saisie de ces bois, à titre de garantie pour les dommages-intérêts.

41. A défaut, par les adjudicataires, d'exécuter,
dans les délais fixés par le cahier des charges, les travaux que ce cahier leur impose, tant pour relever et
faire façonner les ramiers , et pour nettoyer les coupes
des épines, ronces et arbustes nuisibles, selon le mode
prescrit à cet effet, que pour les réparations des chemins de vidange, fossés, repiquement de places à charbon et autres ouvrages à leur charge, ces travaux seront exécutés à leurs frais, à la diligence des agens
forestiers, et sur l'autorisation du préfet, qui arrêtera
ensuite le mémoire des frais et le rendra exécutoire
contre les adjudicataires pour le paiement.

42. Il est défendu à tous adjudicataires, leurs facteurs et ouvriers, d'allumer du feu ailleurs que dans

leurs loges ou ateliers, à peine d'une amende de 10 à
100 francs, sans préjudice de la réparation du dommage qui pourrait résulter de cette contravention.

43. Les adjudicataires ne pourront déposer dans
leurs ventes d'autres bois que ceux qui en proviendront, sous peine d'une amende de 100 à 1,000 francs.

44. Si, dans le cours de l'exploitation ou de la vidange, il était dressé des procès-verbaux de délits ou
vices d'exploitation, il pourra y être donné suite sans
attendre l'époque du récolement.

Néanmoins, en cas d'insuffisance d'un premier procès-verbal, sur lequel il ne sera pas intervenu de jugement, les agens forestiers pourront, lors du récolement, constater par un nouveau procès-verbal les
délits et contraventions.

45. Les adjudicataires, à dater du permis d'exploiter, et jusqu'à ce qu'ils aient obtenu leur décharge,
sont responsables de tout délit forestier commis dans
leurs ventes et à l'ouïe de la cognée, si leurs facteurs
ou gardes-ventes n'en font leurs rapports, lesquels
doivent être remis à l'agent forestier dans le délai de
cinq jours.

46. Les adjudicataires et leurs cautions seront responsables et contraignables par corps au paiement des
amendes et restitutions encourues pour délits et contraventions commis, soit dans la vente, soit à l'ouïe
de la cognée, par les facteurs, gardes-ventes, ouvriers,
bûcherons, voituriers, et tous autres employés par les
adjudicataires.

Section V.

Des Réarpentages et Récolemens.

47. Il sera procédé au réarpentage et au récolement de chaque vente, dans les trois mois qui suivront le jour de l'expiration des délais accordés pour la vidange des coupes.

Ces trois mois écoulés, les adjudicataires pourront mettre en demeure l'administration par acte extrajudiciaire signifié à l'agent forestier local ; et si, dans le mois après la signification de cet acte, l'administration n'a pas procédé au réarpentage et au récolement, l'adjudicataire demeurera libéré.

48. L'adjudicataire ou son cessionnaire sera tenu d'assister au récolement ; et il lui sera, à cet effet, signifié, au moins dix jours d'avance, un acte contenant l'indication des jours où se feront le réarpentage et le récolement : faute par lui de se trouver sur les lieux ou de s'y faire représenter, les procès-verbaux de réarpentage et de récolement seront réputés contradictoires.

49. Les adjudicataires auront le droit d'appeler un arpenteur de leur choix pour assister aux opérations du réarpentage : à défaut par eux d'user de ce droit, les procès-verbaux de réarpentage n'en seront pas moins réputés contradictoires.

50. Dans le délai d'un mois après la clôture des opérations, l'administration et l'adjudicataire pourront

requérir l'annullation du procès-verbal pour défaut de forme ou pour fausse énonciation.

Ils se pourvoiront, à cet effet, devant le conseil de préfecture, qui statuera.

En cas d'annullation du procès-verbal, l'administration pourra, dans le mois qui suivra, y faire suppléer par un nouveau procès-verbal.

51. A l'expiration des délais fixés par l'article 5o, et si l'administration n'a élevé aucune contestation, le préfet délivrera à l'adjudicataire la décharge d'exploitation.

52. Les arpenteurs seront passibles de tous dommages-intérêts par suite des erreurs qu'ils auront commises, lorsqu'il en résultera une différence d'un vingtième de l'étendue de la coupe.

Sans préjudice de l'application, s'il y a lieu, des dispositions de l'article 207.

SECTION VI.

Des adjudications de glandée, panage et paisson.

53. Les formalités prescrites par la section III du présent titre, pour les adjudications des coupes de bois, seront observées pour les adjudications de glandée, panage et paisson.

Toutefois, dans les cas prévus par les articles 18 et 19, l'amende infligée aux fonctionnaires et agens sera de 100 francs au moins et de 1,000 francs au plus, et celle qui aura été encourue par l'acquéreur sera égale au montant du prix de la vente.

(24)

54. Les adjudicataires ne pourront introduire dans les forêts un plus grand nombre de porcs que celui qui sera déterminé par l'acte d'adjudication, sous peine d'une amende double de celle qui est prononcée par l'article 199.

55. Les adjudicataires seront tenus de faire marquer les porcs d'un fer chaud, sous peine d'une amende de 3 francs par chaque porc qui ne serait point marqué.

Ils devront déposer l'empreinte de cette marque au greffe du tribunal, et le fer servant à la marque au bureau de l'agent forestier local, sous peine de 50 francs d'amende.

56. Si les porcs sont trouvés hors des cantons désignés par l'acte d'adjudication, ou des chemins indiqués pour s'y rendre, il y aura lieu, contre l'adjudicataire, aux peines prononcées par l'article 199. En cas de récidive, outre l'amende encourue par l'adjudicataire, le pâtre sera condamné à un emprisonnement de cinq à quinze jours.

57. Il est défendu aux adjudicataires d'abattre, de ramasser ou d'emporter des glands, faînes ou autres fruits, semences ou productions des forêts, sous peine d'une amende double de celle qui est prononcée par l'article 144.

Section VII.

Des Affectations à titre particulier dans les Bois de l'État.

58. Les affectations de coupes de bois ou délivrances, soit par stères, soit par pieds d'arbre, qui

ont été concédées à des communes, à des établissemens industriels ou à des particuliers, nonobstant les
prohibitions établies par les lois et les ordonnances
alors existantes, continueront d'être exécutées jusqu'à
l'expiration du terme fixé par les actes de concession ,
s'il ne s'étend pas au-delà du 1er septembre 1837.

Les affectations faites au préjudice des mêmes prohibitions, soit à perpétuité, soit sans indication de
termes, ou à des termes plus éloignés que le 1er septembre 1837, cesseront à cette époque d'avoir aucun effet.

Les concessionnaires de ces diverses affectations
qui prétendraient que leur titre n'est pas atteint par
les prohibitions ci-dessus rappelées, et qu'il leur con-
fère des droits irrévocables, devront, pour y faire statuer, se pourvoir devant les tribunaux, dans l'année
qui suivra la promulgation de la présente loi, sous
peine de déchéance.

Si leur prétention est rejetée, ils jouiront néanmoins
des effets de la concession, jusqu'au terme fixé par le
second paragraphe du présent article,

Dans le cas où leur titre serait reconnu valable par
les tribunaux, le Gouvernement, quelles que soient la
nature et la durée de l'affectation , aura la faculté d'en
affranchir les forêts de l'Etat, moyennant un cantonnement qui sera réglé de gré à gré, ou en cas de contestation, par les tribunaux, pour tout le temps que
devait durer la concession. L'action en cantonnement
ne pourra pas être exercée par les concessionnaires.

59. Les affectations faites pour le service d'une
usine cesseront en entier, de plein droit et sans re-

tour, si le roulement de l'usine est arrêté pendant deux années consécutives, sauf les cas d'une force majeure dûment constatée.

60. A l'avenir, il ne sera fait dans les bois de l'Etat aucune affectation ou concession de la nature de celles dont il est question dans les deux articles précédens.

SECTION VIII.

Des droits d'usage dans les Bois de l'Etat.

61. Ne seront admis à exercer un droit d'usage quelconque dans les bois de l'État, que ceux dont les droits auront été, au jour de la promulgation de la présente loi, reconnus fondés, soit par des actes du Gouvernement, soit par des jugemens ou arrêts définitifs, ou seront reconnus tels par suite d'instances administratives ou judiciaires actuellement engagées, ou qui seraient intentées devant les tribunaux, dans le délai de deux ans, à dater du jour de la promulgation de la présente loi, par des usagers actuellement en jouissance.

62. Il ne sera plus fait, à l'avenir, dans les forêts de l'Etat, aucune concession de droits d'usage, de quelque nature et sous quelque prétexte que ce puisse être.

63. Le Gouvernement pourra affranchir les forêts de l'Etat de tout droit d'usage en bois, moyennant un cantonnement qui sera réglé de gré à gré, et, en cas de contestation, par les tribunaux.

L'action en affranchissement d'usage par voie de

cantonnement, n'appartiendra qu'au Gouvernement et non aux usagers.

64. Quant aux autres droits d'usage quelconques et aux pâturage, panage et glandée dans les mêmes forêts, ils ne pourront être convertis en cantonnement; mais ils pourront être rachetés moyennant des indemnités qui seront réglées de gré à gré, ou, en cas de contestation, par les tribunaux.

Néanmoins le rachat ne pourra être requis par l'administration, dans les lieux où l'exercice du droit de pâturage est devenu d'une absolue nécessité pour les habitans d'une ou de plusieurs communes. Si cette nécessité est contestée par l'administration forestière, les parties se pourvoiront devant le conseil de préfecture, qui, après une enquête *de commodo et incommodo*, statuera sauf le recours au Conseil d'État.

65. Dans toutes les forêts de l'Etat qui ne seront point affranchies au moyen du cantonnement ou de l'indemnité, conformément aux articles 63 et 64 ci-dessus, l'exercice des droits d'usage pourra toujours être réduit par l'administration, suivant l'état et la possibilité des forêts, et n'aura lieu que conformément aux dispositions contenues aux articles suivans.

En cas de contestation sur la possibilité et l'état des forêts, il y aura lieu à recours au conseil de préfecture.

66. La durée de la glandée et du panage ne pourra excéder trois mois.

L'époque de l'ouverture en sera fixée chaque année par l'administration forestière.

67. Quels que soient l'âge ou l'essence des bois,

les usagers ne pourront exercer leurs droits de pâturage et de panage que dans les cantons qui auront été
déclarés défensables par l'administration forestière,
sauf le recours au conseil de préfecture, et ce nonobstant toutes possessions contraires.

68. L'administration forestière fixera, d'après les
droits des usagers, le nombre des porcs qui pourront
être mis en panage et des bestiaux qui pourront être
admis au pâturage.

69. Chaque année, avant le 1ᵉʳ mars pour le pâturage, et un mois avant l'époque fixée par l'administration forestière pour l'ouverture de la glandée et du
panage, les agens forestiers feront connaître aux communes et aux particuliers jouissant des droits d'usage,
les cantons déclarés défensables, et le nombre des
bestiaux qui seront admis au pâturage et au panage.

Les maires seront tenus d'en faire la publication dans
les communes usagères.

70. Les usagers ne pourront jouir de leurs droits
de pâturage et de panage que pour les bestiaux à leur
propre usage, et non pour ceux dont ils font commerce, à peine d'une amende double de celle qui est
prononcée par l'article 199.

71. Les chemins par lesquels les bestiaux devront
passer pour aller au pâturage ou au panage et en revenir, seront désignés par les agens forestiers.

Si ces chemins traversent des taillis ou des recrus
de futaies non défensables, il pourra être fait, à frais
communs entre les usagers et l'administration, et d'a-
près l'indication des agens forestiers, des fossés suffi-
samment larges et profonds, ou toute autre clôture,

pour empêcher les bestiaux de s'introduire dans les bois.

72. Le troupeau de chaque commune ou section de commune devra être conduit par un ou plusieurs pâtres communs, choisis par l'autorité municipale ; en conséquence, les habitans des communes usagères ne pourront ni conduire eux-mêmes ni faire conduire leurs bestiaux à garde séparée, sous peine de deux francs d'amende par tête de bétail.

Les porcs ou bestiaux de chaque commune ou section de commune usagère formeront un troupeau particulier et sans mélange de bestiaux d'une autre commune ou section, sous peine d'une amende de cinq à dix francs contre le pâtre, et d'un emprisonnement de cinq à dix jours en cas de récidive.

Les communes et sections de commune seront responsables des condamnations pécuniaires qui pourront être prononcées contre lesdits pâtres ou gardiens, tant pour les délits et contraventions prévus par le présent titre, que pour tous autres délits forestiers commis par eux pendant le temps de leur service et dans les limites du parcours.

73. Les porcs et bestiaux seront marqués d'une marque spéciale.

Cette marque devra être différente pour chaque commune ou section de commune usagère.

Il y aura lieu, par chaque tête de porc ou de bétail non marqué, à une amende de trois francs.

74. L'usager sera tenu de déposer l'empreinte de la marque au greffe du tribunal de première instance, et le fer servant à la marque au bureau de l'agent fo-

restier local; le tout sous peine de cinquante francs d'amende.

75. Les usagers mettront des clochettes au cou de tous les animaux admis au pâturage, sous peine de deux francs d'amende par chaque bête qui serait trouvée sans clochette dans les forêts.

76. Lorsque les porcs et bestiaux des usagers seront trouvés hors des cantons déclarés défensables ou désignés pour le panage, ou hors des chemins indiqués pour s'y rendre, il y aura lieu contre le pâtre à une amende de trois à trente francs. En cas de récidive, le pâtre pourra être condamné à un emprisonnement de cinq à quinze jours.

77. Si les usagers introduisent au pâturage un plus grand nombre de bestiaux ou au panage un plus grand nombre de porcs que celui qui aura été fixé par l'administration conformément à l'article 68, il y aura lieu, pour l'excédant, à l'application des peines prononcées par l'article 199.

78. Il est défendu à tous usagers, nonobstant tout titre et possession contraire, de conduire ou faire conduire des chèvres, brebis ou moutons dans les forêts ou sur les terrains qui en dépendent, à peine contre les propriétaires, d'une amende qui sera double de celle qui est prononcée par l'article 199, et contre les pâtres ou bergers, de quinze francs d'amende. En cas de récidive, le pâtre sera condamné, outre l'amende, à un emprisonnement de cinq à quinze jours.

Ceux qui prétendraient avoir joui du pacage ci-dessus en vertu de titres valables ou d'une possession équivalente à titre, pourront, s'il y a lieu à réclamer une indemnité, qui sera réglée de gré à gré, ou, en cas de contestation, par les tribunaux.

Le pacage des moutons pourra néanmoins être autorisé, dans certaines localités, par des ordonnances du Roi.

79. Les usagers qui ont droit à des livraisons de bois, de quelque nature que ce soit, ne pourront prendre ces bois qu'après que la délivrance leur en aura été faite par les agens forestiers, sous les peines portées par le titre XII pour les bois coupés en délit.

80. Ceux qui n'ont d'autre droit que celui de prendre le bois mort, sec et gisant, ne pourront, pour l'exercice de ce droit, se servir de crochets ou ferremens d'aucune espèce, sous peine de 3 francs d'amende.

81. Si les bois de chauffage se délivrent par coupe, l'exploitation en sera faite, aux frais des usagers, par un entrepreneur spécial nommé par eux et agréé par l'administration forestière.

Aucun bois ne sera partagé sur pied ni abattu par les usagers individuellement, et les lots ne pourront être faits qu'après l'entière exploitation de la coupe, à peine de confiscation de la portion de bois abattu afférente à chacun des contrevenans.

Les fonctionnaires ou agens qui auraient permis ou toléré la contravention, seront passibles d'une amende de 50 francs, et demeureront en outre personnellement responsables, et sans aucun recours, de la mauvaise exploitation et de tous les délits qui pourraient avoir été commis.

(32)

82. Les entrepreneurs de l'exploitation des coupes délivrées aux usagers se conformeront à tout ce qui est prescrit aux adjudicataires pour l'usance et la vidange des ventes ; ils seront soumis à la même responsabilité et passibles des mêmes peines en cas de délits ou contraventions.

Les usagers ou communes usagères seront garans solidaires des condamnations prononcées contre lesdits entrepreneurs.

83. Il est interdit aux usagers de vendre ou d'échanger les bois qui leur sont délivrés, et de les employer à aucune autre destination que celle pour laquelle le droit d'usage a été accordé.

S'il s'agit de bois de chauffage, la contravention donnera lieu à une amende de 10 à 100 francs.

S'il s'agit de bois à bâtir ou de tout autre bois non destiné au chauffage, il y aura lieu à une amende double de la valeur des bois, sans que cette amende puisse être au-dessous de 50 francs.

84. L'emploi des bois de construction devra être fait dans un délai de deux ans, lequel néanmoins pourra être prorogé par l'administration forestière. Ce délai expiré, elle pourra disposer des arbres non employés.

85. Les défenses prononcées par l'article 57 sont applicables à tous usagers quelconques, et sous les mêmes peines.

TITRE IV.

Des Bois et Forêts qui font partie du Domaine de la Couronne.

86. Les bois et forêts qui font partie du domaine de la couronne, sont exclusivement régis et administrés par le ministre de la maison du Roi, conformément aux dispositions de la loi du 8 novembre 1814.

87. Les agens et gardes des forêts de la couronne sont en tout assimilés aux agens et gardes de l'administration forestière, tant pour l'exercice de leurs fonctions que pour la poursuite des délits et contraventions.

88. Toutes les dispositions de la présente loi qui sont applicables aux bois et forêts du domaine de l'Etat, le sont également aux bois et forêts qui font partie du domaine de la couronne, sauf les exceptions qui résultent de l'article 86 ci-dessus.

TITRE V.

Des Bois et Forêts qui sont possédés à titre d'apanage ou de majorats réversibles à l'Etat.

89. Les bois et forêts qui sont possédés par les Princes à titre d'apanage, ou par des particuliers à titre de majorats réversibles à l'Etat, sont soumis au

régime forestier, quant à la propriété du sol et à l'aménagement des bois. En conséquence, les agens de l'administration forestière y seront chargés de toutes les opérations relatives à la délimitation, au bornage et à l'aménagement, conformément aux dispositions des sections Ire et II du titre III de la présente loi. Les articles 60 et 62 sont également applicables à ces bois et forêts.

L'administration forestière y fera faire les visites et opérations qu'elle jugera nécessaires pour s'assurer que l'exploitation est conforme à l'aménagement, et que les autres dispositions du présent titre sont exécutées.

TITRE VI.

Des Bois des Communes et des Établissemens publics.

90. Sont soumis au régime forestier, d'après l'article 1er de la présente loi, les bois taillis ou futaies appartenant aux communes et aux établissemens publics, qui auront été reconnus susceptibles d'aménagement ou d'une exploitation régulière, par l'autorité administrative, sur la proposition de l'administration forestière, et d'après l'avis des conseils municipaux ou des administrateurs des établissemens publics.

Il sera procédé dans les mêmes formes à tout changement qui pourrait être demandé, soit de l'aménagement, soit du mode d'exploitation.

En conséquence, toutes les dispositions des six

premières sections du titre III leur sont applicables, sauf les modifications et exceptions portées au présent titre.

Lorsqu'il s'agira de la conversion en bois et de l'aménagement de terrains en pâturages, la proposition de l'administration forestière sera communiquée au maire ou aux administrateurs des établissemens publics. Le conseil municipal ou ces administrateurs seront appelés à en délibérer; en cas de contestation, il sera statué par le conseil de préfecture, sauf le pourvoi au Conseil d'Etat.

91. Les communes et établissemens publics ne peuvent faire aucun défrichement de leurs bois, sans une autorisation expresse et spéciale du Gouvernement; ceux qui l'auraient ordonné ou effectué sans cette autorisation seront passibles des peines portées au titre XV contre les particuliers, pour les contraventions de même nature.

92. La propriété des bois communaux ne peut jamais donner lieu à partage entre les habitans.

Mais lorsque deux ou plusieurs communes possèdent un bois par indivis, chacune conserve le droit d'en provoquer le partage.

93. Un quart des bois appartenant aux communes et aux établissemens publics sera toujours mis en réserve, lorsque ces communes ou établissemens posséderont au moins dix hectares de bois réunis ou divisés.

Cette disposition n'est pas applicable aux bois peuplés totalement en arbres résineux.

94. Les communes et établissemens publics entretiendront, pour la conservation de leurs bois, le

nombre de gardes particuliers qui sera déterminé par le maire et les administrateurs des établissemens, sauf l'approbation du préfet, sur l'avis de l'administration forestière.

95. Le choix de ces gardes sera fait, pour les communes, par le maire, sauf l'approbation du conseil municipal ; et pour les établissemens publics, par les administrateurs de ces établissemens.

Ces choix doivent être agréés par l'administration forestière, qui délivre aux gardes leurs commissions.

En cas de dissentiment, le préfet prononcera.

96. A défaut, par les communes ou établissemens publics, de faire choix d'un garde dans le mois de la vacance de l'emploi, le préfet y pourvoira, sur la demande de l'administration forestière.

97. Si l'administration forestière et les communes ou établissemens publics jugent convenable de confier à un même individu la garde d'un canton de bois appartenant à des communes ou établissemens publics, et d'un canton de bois de l'Etat, la nomination du garde appartient à cette administration seule. Son salaire sera payé proportionnellement par chacune des parties intéressées.

98. L'administration forestière peut suspendre de leurs fonctions les gardes des bois des communes et des établissemens publics ; s'il y a lieu à destitution, le préfet la prononcera, après avoir pris l'avis du conseil municipal ou des administrateurs des établissemens propriétaires, ainsi que de l'administration forestière.

Le salaire de ces gardes est réglé par le préfet, sur

la proposition du conseil municipal ou des établissemens propriétaires.

99. Les gardes des bois des communes et des établissemens publics sont en tout assimilés aux gardes des bois de l'Etat, et soumis à l'autorité des mêmes agens; ils prêtent serment dans les mêmes formes, et leurs procès-verbaux font également foi en justice pour constater les délits et contraventions commis même dans les bois soumis au régime forestier autres que ceux dont la garde leur est confiée.

100. Les ventes des coupes, tant ordinaires qu'extraordinaires, seront faites à la diligence des agens forestiers, dans les mêmes formes que pour les bois de l'Etat, et en présence du maire ou d'un adjoint, pour les bois des communes, et d'un des administrateurs pour ceux des établissemens publics; sans toutefois que l'absence des maires ou administrateurs, dûment appelés, entraîne la nullité des opérations.

Toute vente ou coupe effectuée par l'ordre des maires des communes ou des administrateurs des établissemens publics en contravention au présent article, donnera lieu contre eux à une amende qui ne pourra être au-dessous de 300 francs, ni excéder 6,000 francs, sans préjudice des dommages-intérêts qui pourraient être dus aux communes ou établissemens propriétaires.

Les ventes ainsi effectuées seront déclarées nulles.

101. Les incapacités et défenses prononcées par l'article 21 sont applicables aux maires, adjoints et receveurs des communes, ainsi qu'aux administrateurs et receveurs des établissemens publics, pour les ventes

des bois des communes et établissemens dont l'administration leur est confiée.

En cas de contravention, ils seront passibles des peines prononcées par le paragraphe premier de l'article précité, sans préjudice des dommages-intérêts, s'il y a lieu; et les ventes seront déclarées nulles.

102. Lors des adjudications des coupes ordinaires et extraordinaires des bois des établissemens publics, il sera fait réserve en faveur de ces établissemens, et suivant les formes qui seront prescrites par l'autorité administrative, de la quantité de bois, tant de chauffage que de construction, nécessaire pour leur propre usage.

Les bois ainsi délivrés ne pourront être employés qu'à la destination pour laquelle ils auront été réservés, et ne pourront être vendus ni échangés sans l'autorisation du préfet. Les administrateurs qui auraient consenti de pareilles ventes ou échanges, seront passibles d'une amende égale à la valeur de ces bois, et de la restitution, au profit de l'établissement public, de ces mêmes bois ou de leur valeur. Les ventes ou échanges seront en outre déclarés nuls.

103. Les coupes des bois communaux destinées à être partagées en nature pour l'affouage des habitans, ne pourront avoir lieu qu'après que la délivrance en aura été préalablement faite par les agens forestiers, et en suivant les formes prescrites par l'article 81, pour l'exploitation des coupes affouagères délivrées aux communes dans les bois de l'Etat; le tout sous les peines portées par ledit article.

104. Les actes relatifs aux coupes et arbres délivrés

en nature, en exécution des deux articles précédens, seront visés pour timbre et enregistrés en débet, et il n'y aura lieu à la perception des droits que dans le cas de poursuites devant les tribunaux.

105. S'il n'y a titre ou usage contraire, le partage des bois d'affouage se fera par feu, c'est-à-dire, par chef de famille ou de maison ayant domicile réel et fixe dans la commune; s'il n'y a également titre ou usage contraire, la valeur des arbres délivrés pour constructions ou réparations sera estimée à dire d'experts et payée à la commune.

106. Pour indemniser le Gouvernement des frais d'administration des bois des communes ou établissemens publics, il sera ajouté annuellement à la contribution foncière établie sur ces bois, une somme équivalente à ces frais. Le montant de cette somme sera réglé chaque année par la loi de finances; elle sera répartie au marc le franc de ladite contribution, et perçue de la même manière.

107. Moyennant les perceptions ordonnées par l'article précédent, toutes les opérations de conservation et de régie dans les bois des communes et des établissemens publics seront faites par les agens et préposés de l'administration forestière, sans aucuns frais.

Les poursuites, dans l'intérêt des communes et des établissemens publics, pour délits ou contraventions commis dans leurs bois, et la perception des restitutions et dommages-intérêts prononcés en leur faveur, seront effectuées sans frais par les agens du Gouvernement, en même temps que celles qui ont pour

objet le recouvrement des amendes dans l'intérêt de
l'Etat.

En conséquence, il n'y aura lieu à exiger à l'avenir
des communes et établissemens publics, ni aucun droit
de vacation, d'arpentage, de réarpentage, de décime,
de prélèvement quelconque, pour les agens et préposés de l'administration forestière, ni le rembourse-
ment soit des frais des instances dans lesquelles l'administration succomberait, soit de ceux qui tombe-
raient en non-valeurs par l'insolvabilité des condamnés.

108. Le salaire des gardes particuliers restera à la
charge des communes et des établissemens publics.

109. Les coupes ordinaires et extraordinaires sont
principalement affectées au paiement des frais de
garde, de la contribution foncière et des sommes qui
reviennent au Trésor en exécution de l'article 106.

Si les coupes sont délivrées en nature pour l'affouage, et que les communes n'aient pas d'autres res-
sources, il sera distrait une portion suffisante des
coupes, pour être vendue aux enchères avant toute
distribution, et le prix en être employé au paiement
desdites charges.

110. Dans aucun cas et sous aucun prétexte, les
habitans des communes et les administrateurs ou employés des établissemens publics ne peuvent introduire ni faire introduire dans les bois appartenant à
ces communes ou établissemens publics, des chèvres,
brebis ou moutons, sous les peines prononcées par
l'article 199 contre ceux qui auraient introduit ou
permis d'introduire ces animaux, et par l'article 78
contre les pâtres ou gardiens. Cette prohibition n'aura

son exécution que dans deux ans, à compter du jour de la publication de la présente loi, dans les bois où, nonobstant les dispositions de l'ordonnance de 1669, le pâturage des moutons a été toléré jusqu'à présent.

Toutefois le pacage des brebis ou moutons pourra être autorisé, dans certaines localités, par des ordonnances spéciales de Sa Majesté.

111. La faculté accordée au Gouvernement par l'article 63, d'affranchir les forêts de l'Etat de tous droits d'usage en bois, est applicable, sous les mêmes conditions, aux communes et aux établissemens publics, pour les bois qui leur appartiennent.

112. Toutes les dispositions de la huitième section du titre III sur l'exercice des droits d'usage dans les bois de l'Etat, sont applicables à la jouissance des communes et des établissemens publics dans leurs propres bois, ainsi qu'aux droits d'usage dont ces mêmes bois pourraient être grevés; sauf les modifications résultant du présent titre, et à l'exception des articles 61, 73, 74, 83 et 84.

TITRE VII.

Des Bois et Forêts indivis qui sont soumis au régime forestier.

113. Toutes les dispositions de la présente loi relatives à la conservation et à la régie des bois qui font partie du domaine de l'Etat, ainsi qu'à la poursuite des délits et contraventions commis dans ces bois, sont

applicables aux bois indivis mentionnés à l'article 1er §6 de la présente loi, sauf les modifications portées par le titre VI pour les bois des communes et des établissemens publics.

114. Aucune coupe ordinaire ou extraordinaire, exploitation ou vente, ne pourra être faite par les possesseurs copropriétaires, sous peine d'une amende égale à la valeur de la totalité des bois abattus ou vendus ; toutes ventes ainsi faites seront déclarées nulles.

115. Les frais de délimitation, d'arpentage et de garde seront supportés par le domaine et les copropriétaires, chacun dans la proportion de ses droits.

L'administration forestière nommera les gardes, réglera leur salaire, et aura seule le droit de les révoquer.

116. Les copropriétaires auront, dans les restitutions et dommages-intérêts, la même part que dans le produit des ventes, chacun dans la proportion de ses droits.

TITRE VIII.

Des Bois des particuliers.

117. Les propriétaires qui voudront avoir, pour la conservation de leurs bois, des gardes particuliers, devront les faire agréer par le sous-préfet de l'arrondissement ; sauf le recours au préfet, en cas de refus.

Ces gardes ne pourront exercer leurs fonctions qu'après avoir prêté serment devant le tribunal de première instance.

118. Les particuliers jouiront, de la même manière que le Gouvernement et sous les conditions dé·

terminées par l'article 63, de la faculté d'affranchir leurs forêts de tous droits d'usage en bois.

119. Les droits de pâturage, parcours, panage et glandée dans les bois des particuliers, ne pourront être exercés que dans les parties de bois déclarées défensables par l'administration forestière, et suivant l'état et la possibilité des forêts, reconnus et constatés par la même administration.

Les chemins par lesquels les bestiaux devront passer pour aller au pâturage et pour en revenir seront désignés par le propriétaire.

120. Toutes les dispositions contenues dans les articles 64; 66, § 1; 70, 72, 73, 75, 76; 78, § 1 et 2; 79, 80, 83 et 85 de la présente loi, sont applicables à l'exercice des droits d'usage dans les bois des particuliers, lesquels y exercent, à cet effet, les mêmes droits et la même surveillance que les agens du Gouvernement dans les forêts soumises au régime forestier.

121. En cas de contestation entre le propriétaire et l'usager, il sera statué par les tribunaux.

TITRE IX.

Affectations spéciales des Bois à des services publics.

Section Ire.

Des Bois destinés au service la marine.

122. Dans tous les bois soumis au régime forestier, lorsque des coupes devront y avoir lieu, le département de la marine pourra faire choisir et marteler

par ses agens les arbres propres aux constructions na-
vales, parmi ceux qui n'auront pas été marqués en réserve par les agens forestiers.

123. Les arbres ainsi marqués seront compris dans
les adjudications et livrés par les adjudicataires à la
marine, aux conditions qui seront indiquées ci-après.

124. Pendant dix ans, à compter de la promulgation de la présente loi, le département de la marine
exercera le droit de choix et de martelage sur les bois
des particuliers, futaies, arbres de réserve, avenues,
lisières et arbres épars.

Ce droit ne pourra être exercé que sur les arbres en
essence de chêne, qui seront destinés à être coupés,
et dont la circonférence, mesurée à un mètre du sol,
sera de 15 décimètres au moins.

Les arbres qui existeront dans les lieux clos attenant aux habitations, et qui ne sont point aménagés
en coupes réglées, ne seront point assujétis au martelage.

125. Tous les propriétaires seront tenus, sauf l'exception énoncée en l'article précédent, et hors le cas
de besoins personnels pour réparations et constructions, de faire, six mois d'avance, à la sous-préfecture, la déclaration des arbres qu'ils ont l'intention
d'abattre, et des lieux où ils sont situés.

Le défaut de déclaration sera puni d'une amende de
dix-huit francs par mètre de tour pour chaque arbre
susceptible d'être déclaré.

126. Les particuliers pourront disposer librement
des arbres déclarés, si la marine ne les a pas fait marquer pour son service, dans les six mois à compter du

jour de l'enregistrement de la déclaration à la sous-préfecture.

Les agens de la marine seront tenus, à peine de nullité de leur opération, de dresser des procès-verbaux de martelage des arbres dans les bois de l'Etat, des communes, des établissemens publics et des particuliers, de faire viser ces procès-verbaux par le maire, dans la huitaine, et d'en déposer immédiatement une expédition à la mairie de la commune où le martelage aura eu lieu.

Aussitôt après ce dépôt, les adjudicataires, communes, établissemens ou propriétaires, pourront disposer des bois qui n'auront pas été marqués.

127. Les adjudicataires des bois soumis au régime forestier, les maires des communes, ainsi que les administrateurs des établissemens publics, pour les exploitations faites sans adjudication, et les particuliers, traiteront de gré à gré du prix de leurs bois avec la marine.

En cas de contestation le prix sera réglé par experts nommés contradictoirement, et, s'il y a partage entre les experts, il en sera nommé un d'office par le président du tribunal de première instance, à la requête de la partie la plus diligente ; les frais de l'expertise seront supportés en commun.

128. Les adjudicataires des bois soumis au régime forestier, les maires des communes, ainsi que les administrateurs des établissemens publics pour les exploitations faites sans adjudication, et les particuliers, pourront disposer librement des arbres marqués pour la marine, si, dans les trois mois après qu'ils en auront

fait notifier à la sous-préfecture l'abattage, la marine n'a pas pris livraison de la totalité des arbres marqués appartenant au même propriétaire, et n'en a pas acquitté le prix.

129. La marine aura, jusqu'à l'abattage des arbres, la faculté d'annuller les martelages opérés pour son service; mais, conformément à l'article précédent, elle devra prendre tous les arbres marqués qui auront été abattus, ou les abandonner en totalité.

130. Lorsque les propriétaires de bois n'auront pas fait abattre les arbres déclarés, dans le délai d'un an, à dater du jour de leur déclaration, elle sera considérée comme non avenue, et ils seront tenus d'en faire une nouvelle.

131. Ceux qui, dans les cas de besoins personnels pour réparations ou constructions, voudront faire abattre des arbres sujets à déclaration, ne pourront procéder à l'abattage qu'après avoir fait préalablement constater ces besoins par le maire de la commune.

Tout propriétaire convaincu d'avoir, sans motifs valables, donné, en tout ou en partie, à ses arbres, une destination autre que celle qui aura été énoncée dans le procès-verbal constatant les besoins personnels, sera passible de l'amende portée par l'article 125 pour défaut de déclaration.

132. Le Gouvernement déterminera les formalités à remplir, tant pour les déclarations de volonté d'abattre, que pour constater, soit les besoins, dans le cas prévu par l'article précédent, soit les martelages et les abattages. Ces formalités seront remplies sans frais.

133. Les arbres qui auront été marqués pour le service de la marine, dans les bois soumis au régime forestier, comme sur toute propriété privée, ne pourront être distraits de leur destination, sous peine d'une amende de 45 francs par mètre de tour de chaque arbre; sauf néanmoins les cas prévus par les articles 126 et 128. Les arbres marqués pour le service de la marine ne pourront être écarris avant la livraison, ni détériorés par ses agens avec des haches, scies, sondes ou autres instrumens, à peine de la même amende.

134. Les délits et contraventions concernant le service de la marine seront constatés, dans tous les bois, par procès-verbaux, soit des agens et gardes forestiers, soit des maîtres, contre-maîtres et aides-contre-maîtres assermentés de la marine : en conséquence, les procès-verbaux de ces maîtres, contre-maîtres et aides-contre-maîtres feront foi en justice comme ceux des gardes forestiers, pourvu qu'ils soient dressés et affirmés dans les mêmes formes et dans les mêmes délais.

135. Les dispositions du présent titre ne sont applicables qu'aux localités où le droit de martelage sera jugé indispensable pour le service de la marine, et pourra être utilement exercé par elle.

Le Gouvernement fera dresser et publier l'état des départemens, arrondissemens et cantons qui ne seront pas soumis à l'exercice de ce droit.

La même publicité sera donnée au rétablissement de cet exercice dans les localités exceptées, lorsque le Gouvernement jugera ce rétablissement nécessaire.

SECTION II.

*Des bois destinés au service des ponts et chaussées
pour les travaux du Rhin.*

136. Dans tous les cas où les travaux d'endigage
ou de fascinage sur le Rhin exigeront une prompte
fourniture de bois ou oseraies, le préfet, en constatant l'urgence, pourra en requérir la délivrance, d'a-
bord dans les bois de l'État ; en cas d'insuffisance de
ces bois, dans ceux des communes et des établissemens
publics, et subsidiairement enfin dans ceux des particuliers : le tout à la distance de cinq kilomètres des
bords du fleuve.

137. En conséquence, tous particuliers propriétaires de bois taillis ou autres dans les îles; sur les
rives, et à une distance de cinq kilomètres des bords
du fleuve, seront tenus de faire, trois mois d'avance,
à la sous-préfecture, une déclaration des coupes qu'ils
se proposeront d'exploiter.

Si, dans le délai de trois mois, les bois ne sont
pas requis, le propriétaire pourra en disposer librement.

138. Tout propriétaire qui, hors les cas d'urgence,
effectuerait la coupe de ses bois sans avoir fait la déclaration prescrite par l'article précédent, sera condamné à une amende d'un franc par are de bois ainsi
exploité.

L'amende sera de 4 francs par are contre tout propriétaire qui, après que la réquisition de ses bois lui

aura été notifiée, les détournerait de la destination pour laquelle ils auraient été requis.

139. Dans les bois soumis au régime forestier, l'exploitation des bois requis sera faite par les entrepreneurs des travaux des ponts et chaussées, d'après les indications et sous la surveillance des agens forestiers. Ces entrepreneurs seront, dans ce cas, soumis aux mêmes obligations et à la même responsabilité que les adjudicataires des coupes des bois de l'Etat.

140. Dans les bois des particuliers, l'exploitation des bois requis sera faite également, et sous la même responsabilité, par les entrepreneurs des travaux, si mieux n'aime le propriétaire faire exploiter lui-même ; ce qu'il devra déclarer aussitôt que la réquisition lui aura été notifiée.

A défaut par le propriétaire d'effectuer l'exploitation dans le délai fixé par la réquisition, il y sera procédé à ses frais, sur l'autorisation du préfet.

141. Le prix des bois et oseraies requis en exécution de l'article 136 sera payé par les entrepreneurs des travaux à l'Etat et aux communes ou établissemens publics, comme aux particuliers, dans le délai de trois mois après l'abattage constaté, et d'après le même mode d'expertise déterminé par l'article 127 de la présente loi pour les arbres marqués par la marine.

Les communes et les particuliers seront indemnisés, de gré à gré ou à dire d'experts, du tort qui pourrait être résulté pour eux de coupes exécutées hors des saisons convenables.

142. Le Gouvernement déterminera les formalités qui devront être observées pour la réquisition des bois, les déclarations et notifications, en conséquence de ce qui est prescrit par les articles précédens.

143. Les contraventions et délits en cette matière seront constatés par procès-verbaux des agens et gardes forestiers, des conducteurs des ponts et chaussées et des officiers de police assermentés, qui devront observer à cet égard les formalités et délais prescrits au titre XI, section Ire, pour les procès-verbaux dressés par les gardes de l'administration forestière.

TITRE X.

Police et Conservation des Bois et Foréts.

Section Ire

Dispositions applicables à tous les bois et forêts en général.

144. Toute extraction ou enlèvement non autorisé de pierre, sable, minerai, terre ou gazon, tourbe, bruyères, genêts, herbages, feuilles vertes ou mortes, engrais existant sur le sol des forêts, glands, faînes, et autres fruits ou semences des bois et forêts, donnera lieu à des amendes qui seront fixées ainsi qu'il suit :

Par charretée ou tombereau, de dix à trente francs, pour chaque bête attelée;

Par chaque charge de bête de somme, de cinq à quinze francs ;

Par chaque charge d'homme, de deux à six francs.

145. Il n'est point dérogé aux droits conférés à l'administration des ponts et chaussées d'indiquer les lieux où doivent être faites les extractions de matériaux pour les travaux publics ; néanmoins les entrepreneurs seront tenus envers l'Etat, les communes et établissemens publics, comme envers les particuliers, de payer toutes les indemnités de droit, et d'observer toutes les formes prescrites par les lois et réglemens en cette matière.

146. Quiconque sera trouvé dans les bois et forêts, hors des routes et chemins ordinaires, avec serpes, cognées, hâches, scies et autres instrumens de même nature, sera condamné à une amende de dix francs et à la confiscation desdits instrumens.

147. Ceux dont les voitures, bestiaux, animaux de charge ou de monture, seront trouvés dans les forêts, hors des routes et chemins ordinaires, seront condamnés, savoir :

Par chaque voiture à une amende de dix francs pour les bois de dix ans et au-dessus, et de vingt francs pour les bois au-dessous de cet âge ;

Par chaque tête ou espèce de bestiaux non attelés, aux amendes fixées pour délit de pâturage par l'article 199.

Le tout sans préjudice des dommages-intérêts.

148. Il est défendu de porter ou allumer du feu dans l'intérieur et à la distance de deux cents mètres

des bois et forêts, sous peine d'une amende de 20 à 100 francs; sans préjudice, en cas d'incendie, des peines portées par le Code Pénal, et de tous dommages-intérêts, s'il y a lieu.

149. Tous usagers qui, en cas d'incendie, refuseront de porter des secours dans les bois soumis à leur droit d'usage, seront traduits en police correctionnelle, privés de ce droit pendant un an au moins, et cinq ans au plus, et condamnés en outre aux peines portées en l'article 475 du Code Pénal.

150. Les propriétaires riverains des bois et forêts ne peuvent se prévaloir de l'article 672 du Code Civil pour l'élagage des lisières desdits bois et forêts, si ces arbres de lisière ont plus de trente ans.

Tout élagage qui serait exécuté sans l'autorisation des propriétaires des bois et forêts, donnera lieu à l'application des peines portées par l'article 196.

SECTION II.

Dispositions spéciales applicables seulement aux bois et forêts soumis au régime forestier.

151. Aucun four à chaux ou à plâtre, soit temporaire, soit permanent, aucune briqueterie et tuilerie, ne pourront être établis dans l'intérieur et à moins d'un kilomètre des forêts, sans l'autorisation du Gouvernement, à peine d'une amende de 100 à 500 fr., et de démolition des établissemens.

152. Il ne pourra être établi sans l'autorisation du Gouvernement, sous quelque prétexte que ce soit,

aucune maison sur perches, loge, baraque ou hangar, dans l'enceinte et à moins d'un kilomètre des bois et forêts, sous peine de 50 francs d'amende, et de la démolition dans le mois, à dater du jour du jugement qui l'aura ordonnée.

153. Aucune construction de maisons ou fermes ne pourra être effectuée, sans l'autorisation du Gouvernement, à la distance de 500 mètres des bois et forêts soumis au régime forestier, sous peine de démolition.

Il sera statué dans le délai de six mois sur les demandes en autorisation; passé ce délai, la construction pourra être effectuée.

Il n'y aura point lieu à ordonner la démolition des maisons ou fermes actuellement existantes. Ces maisons ou fermes pourront être réparées, reconstruites et augmentées sans autorisation.

Sont exceptés des dispositions du paragraphe premier du présent article, les bois et forêts appartenant aux communes, et qui sont d'une contenance au-dessous de 250 hectares.

154. Nul individu habitant les maisons ou fermes actuellement existantes dans le rayon ci-dessus fixé, ou dont la construction y aura été autorisée en vertu de l'article précédent, ne pourra établir dans lesdites maisons ou fermes aucun atelier à façonner le bois, aucun chantier ou magasin pour faire le commerce de bois, sans la permission spéciale du Gouvernement, sous peine de 50 francs d'amende et de la confiscation des bois.

Lorsque les individus qui auront obtenu cette permission auront subi une condamnation pour délits forestiers, le Gouvernement pourra leur retirer ladite permission.

155. Aucune usine à scier le bois ne pourra être établie dans l'enceinte et à moins de deux kilomètres de distance des bois et forêts, qu'avec l'autorisation du Gouvernement, sous peine d'une amende de 10c à 500 francs et de la démolition dans le mois, à dater du jugement qui l'aura ordonnée.

156. Sont exceptées des dispositions des trois articles précédens les maisons et usines qui font partie de villes, villages ou hameaux formant une population agglomérée, bien qu'elles se trouvent dans les distances ci-dessus fixées des bois et forêts.

157. Les usines, hangars et autres établissemens autorisés en vertu des articles 151, 152, 154 et 155, seront soumis aux visites des agens et gardes forestiers, qui pourront y faire toutes perquisitions sans l'assistance d'un officier public, pourvu qu'ils se présentent au nombre de deux au moins, ou que l'agent ou garde forestier soit accompagné de deux témoins domiciliés dans la commune.

158. Aucun arbre, bille ou tranche, ne pourra être reçu dans les scieries dont il est fait mention en l'article 155, sans avoir été préalablement reconnu par le garde forestier du canton et marqué de son marteau; ce qui devra avoir lieu dans les cinq jours de la déclaration qui en aura été faite, sous peine contre les exploitans desdites scieries, d'une amende de 50 à 300 francs. En cas de récidive, l'amende sera double,

et la suppression de l'usine pourra être ordonnée par le tribunal.

TITRE XI.

Des poursuites en réparation de délits et contraventions.

Section Ire.

Des poursuites exercées au nom de l'Administration forestière.

159. L'administration forestière est chargée, tant dans l'intérêt de l'Etat que dans celui des autres propriétaires de bois et forêts soumis au régime forestier, des poursuites en réparation de tous délits et contraventions commis dans ces bois et forêts, sauf l'exception mentionnée en l'article 87.

Elle est également chargée de la poursuite en réparation des délits et contraventions spécifiés aux articles 134, 143 et 219.

Les actions et poursuites seront exercées par les agens forestiers au nom de l'administration forestière, sans préjudice du droit qui appartient au ministère public.

160. Les agens, arpenteurs et gardes forestiers recherchent et constatent par procès-verbaux les délits et contraventions, savoir : les agens et arpenteurs, dans toute l'étendue du territoire pour lequel ils sont

commissionnés; et les gardes, dans l'arrondissement du tribunal près duquel ils sont assermentés.

16 1. Les gardes sont autorisés à saisir les bestiaux trouvés en délit, et les instrumens, voitures et attelages des délinquans, et à les mettre en séquestre. Ils suivront les objets enlevés par les délinquans jusque dans les lieux où ils auront été transportés, et les mettront également en séquestre.

Ils ne pourront néanmoins s'introduire dans les maisons, bâtimens, cours adjacentes et enclos, si ce n'est en présence, soit du juge de paix ou de son suppléant, soit du maire du lieu ou de son adjoint, soit du commissaire de police.

162. Les fonctionnaires dénommés en l'article précédent ne pourront se refuser à accompagner sur-le-champ les gardes, lorsqu'ils en seront requis par eux pour assister à des perquisitions.

Ils seront tenus, en outre, de signer le procès-verbal du séquestre ou de la perquisition faite en leur présence, sauf au garde, en cas de refus de leur part, à en faire mention au procès-verbal.

163. Les gardes arrêteront et conduiront devant le juge de paix ou devant le maire tout inconnu qu'ils auront surpris en flagrant délit.

164. Les agens et les gardes de l'administration des forêts ont le droit de requérir directement la force publique pour la répression des délits et contraventions en matière forestière, ainsi que pour la recherche et la saisie des bois coupés en délit, vendus ou achetés en fraude.

165. Les gardes écriront eux-mêmes leurs procès-

verbaux; ils les signeront et les affirmeront, au plus tard le lendemain de la clôture desdits procès-verbaux, par devant le juge de paix du canton ou l'un de ses suppléans, ou par devant le maire ou l'adjoint, soit de la commune de leur résidence, soit de celle où le délit a été commis ou constaté; le tout sous peine de nullité.

Toutefois, si, par suite d'un empêchement quelconque, le procès-verbal est seulement signé par le garde, mais non écrit en entier de sa main, l'officier public qui en recevra l'affirmation devra lui en donner préalablement lecture, et faire ensuite mention de cette formalité; le tout sous peine de nullité du procès-verbal.

166. Les procès-verbaux que les agens forestiers, les gardes généraux et les gardes à cheval dresseront, soit isolément, soit avec le concours d'un garde, ne seront point soumis à l'affirmation.

167. Dans les cas où le procès-verbal portera saisie, il en sera fait aussitôt après l'affirmation une expédition qui sera déposée dans les vingt-quatre heures au greffe de la justice de paix, pour qu'il en puisse être donné communication à ceux qui réclameraient les objets saisis.

168. Les juges de paix pourront donner main-levée provisoire des objets saisis, à la charge du paiement des frais de séquestre, et moyennant une bonne et valable caution.

En cas de contestation sur la solvabilité de la caution, il sera statué par le juge de paix.

169. Si les bestiaux saisis ne sont pas réclamés

dans les cinq jours qui suivront le séquestre, ou s'il n'est pas fourni bonne et valable caution, le juge de paix en ordonnera la vente à l'enchère, au marché le plus voisin. Il y sera procédé à la diligence du receveur des domaines, qui la fera publier vingt-quatre heures d'avance.

Les frais de séquestre et de vente seront taxés par le juge de paix, et prélevés sur le produit de la vente; le surplus restera déposé entre les mains du receveur des domaines, jusqu'à ce qu'il ait été statué en dernier ressort sur le procès-verbal.

Si la réclamation n'a lieu qu'après la vente des bestiaux saisis, le propriétaire n'aura droit qu'à la restitution du produit net de la vente, tous frais déduits, dans le cas où cette restitution serait ordonnée par le jugement.

170. Les procès-verbaux seront, sous peine de nullité, enregistrés dans les quatre jours qui suivront celui de l'affirmation, ou celui de la clôture du procès-verbal, s'il n'est pas sujet à l'affirmation.

L'enregistrement s'en fera en débet, lorsque les délits en contravention intéresseront l'Etat, et le domaine de la Couronne, ou les communes et les établissemens publics.

171. Toutes les actions et poursuites exercées au nom de l'administration générale des forêts, et à la requête de ses agens, en réparation de délits ou contraventions en matière forestière, sont portées devant les tribunaux correctionnels, lesquels sont seuls compétens pour en connaître.

172. L'acte de citation doit, à peine de nullité,

contenir la copie du procès-verbal et de l'acte d'affirmation.

173. Les gardes de l'administration forestière
pourront, dans les actions et poursuites exercées
en son nom, faire toutes citations et significations
d'exploits, sans pouvoir procéder aux saisies-exécu-
tions.

Leurs rétributions, pour les actes de ce genre, seront taxés comme pour les actes faits par les huis-
siers des juges de paix.

174. Les agens forestiers ont le droit d'exposer
l'affaire devant le tribunal, et sont entendus à l'appui
de leurs conclusions.

175. Les délits ou contraventions en matière forestière seront prouvés soit par procès-verbaux, soit par
témoins à défaut de procès-verbaux, ou en cas d'insuffisance de ces actes.

176. Les procès-verbaux revêtus de toutes les formalités prescrites pas les articles 165 et 170, et qui
sont dressés et signés par deux agens ou gardes forestiers, font preuve, jusqu'à inscription de faux, des
faits matériels relatifs aux délits et contraventions
qu'ils constatent, quelles que soient les condamnations auxquelles ces délits et contraventions peuvent
donner lieu.

Il ne sera, en conséquence, admis aucune preuve
outre ou contre le contenu de ces procès-verbaux, à
moins qu'il n'existe une cause légale de récusation
contre l'un des signataires.

177. Les procès-verbaux revêtus de toutes les formalités prescrites, mais qui ne seront dressés et signés

que par un seul agent ou garde, feront de même preuve suffisante jusqu'à inscription de faux, mais seulement lorsque le délit ou la contravention n'entraînera, pas une condamnation de plus de cent francs, tant pour amende que pour dommages-intérêts.

Lorsqu'un de ces procès-verbaux constatera à la fois contre divers individus des délits ou contraventions distincts et séparés, il n'en fera pas moins foi, aux termes du présent article, pour chaque délit ou contravention qui n'entraînerait pas une condamnation de plus de cent francs, tant pour amende que pour dommages-intérêts, quelle que soit la quotité à laquelle pourraient s'élever toutes les condamnations réunies.

178. Les procès-verbaux qui, d'après les dispositions qui précèdent, ne font point foi et preuve suffisante jusqu'à inscription de faux, peuvent être corroborés et combattus par toutes les preuves légales, conformément à l'article 154 du Code d'instruction criminelle.

179. Le prévenu qui voudra s'inscrire en faux contre le procès-verbal sera tenu d'en faire, par écrit et en personne, ou par un fondé de pouvoirs spécial par acte notarié, la déclaration au greffe du tribunal, avant l'audience indiquée par la citation.

Cette déclaration sera reçue par le greffier du tribunal : elle sera signée par le prévenu ou son fondé de pouvoirs, et dans le cas où il ne saurait ou ne pourrait signer, il en sera fait mention expresse.

Au jour indiqué pour l'audience, le tribunal

donnera acte de la déclaration, et fixera un délai de trois jours au moins et de huit jours au plus, pendant lequel le prévenu sera tenu de faire au greffe le dépôt des moyens de faux, et des noms, qualités et demeures des témoins qu'il voudra faire entendre.

A l'expiration de ce délai, et sans qu'il soit besoin d'une citation nouvelle, le tribunal admettra les moyens de faux, s'ils sont de nature à détruire l'effet du procès-verbal, et il sera procédé sur le faux conformément aux lois.

Dans le cas contraire, ou faute par le prévenu d'avoir rempli toutes les formalités ci-dessus prescrites, le tribunal déclarera qu'il n'y a lieu à admettre les moyens de faux et ordonnera qu'il soit passé outre au jugement.

180. Le prévenu contre lequel aura été rendu un jugement par défaut, sera encore admissible à faire sa déclaration d'inscription de faux pendant le délai qui lui est accordé par la loi pour se présenter à l'audience sur l'opposition par lui formée.

181. Lorsqu'un procès-verbal sera rédigé contre plusieurs prévenus, et qu'un ou quelques-uns d'entre eux seulement s'inscriront en faux, le procès-verbal continuera de faire foi à l'égard des autres, à moins que le fait sur lequel portera l'inscription de faux ne soit indivisible et commun aux autres prévenus.

182. Si, dans une instance en réparation de délit ou contravention, le prévenu excipe d'un droit de propriété ou autre droit réel, le tribunal saisi de la plainte statuera sur l'incident en se conformant aux règles suivantes :

L'exception préjudicielle ne sera admise qu'autant qu'elle sera fondée, soit sur un titre apparent, soit sur des faits de possession équivalens, personnels au prévenu et par lui articulés avec précision, et si le titre produit ou les faits articulés sont de nature, dans le cas où ils séraient reconnus par l'autorité compétente, à ôter au fait qui sert de base aux poursuites tout caractère de délit ou de contravention.

Dans le cas de renvoi à fins civiles, le jugement fixera un bref délai dans lequel la partie qui aura élevé la question préjudicielle devra saisir les juges compétens de la connaissance du litige et justifier de ses diligences; sinon il sera passé outre. Toutefois, en cas de condamnation, il sera sursis à l'exécution du jugement, sous le rapport de l'emprisonnement, s'il était prononcé, et le montant des amendes, restitutions et dommages-intérêts, sera versé à la caisse des dépôts et consignations, pour être remis à qui il sera ordonné par le tribunal qui statuera sur le fond du droit.

183. Les agens de l'administration des forêts peuvent, en son nom, interjeter appel des jugemens, et se pourvoir contre les arrêts et jugemens en dernier ressort; mais ils ne peuvent se désister de leurs appels sans autorisation spéciale.

184. Le droit attribué à l'administration des forêts et à ses agens de se pourvoir contre les jugemens et arrêts par appel ou par recours en cassation, est indépendant de la même faculté qui est accordée par la loi au ministère public, lequel peut toujours en user, même lorsque l'administration ou ses agens auraient acquiescé aux jugemens et arrêts.

185. Les actions en réparation de délits et contraventions en matière forestière se prescrivent par trois mois, à compter du jour où les délits et contraventions ont été constatés, lorsque les prévenus sont désignés dans[es procès-verbaux. Dans le cas contraire, le délai de prescription est de six mois, à compter du même jour, sans préjudice, à l'égard des adjudicataires et entrepreneurs des coupes, des dispositions contenues aux articles 45, 47, 50, 51 et 82 de la présente loi.

186. Les dispositions de l'article précédent ne sont point applicables aux contraventions, délits et malversations commis par des agens, préposés ou gardes de l'administration forestière dans l'exercice de leurs fonctions; les délais de prescription à l'égard de ces préposés et de leurs complices seront les mêmes qui sont déterminés par le Code d'Instruction Criminelle.

187. Les dispositions du Code d'Instruction Criminelle sur la poursuite des délits et contraventions, sur les citations et délais, sur les défauts, oppositions, jugemens, appels et recours en cassation, sont et demeurent applicables à la poursuite des délits et contraventions spécifiés par la présente loi, sauf les modifications qui résultent du présent titre.

Section II.

Des poursuites exercées au nom et dans l'intérêt des particuliers.

188. Les procès-verbaux dressés par les gardes des bois et forêts des particuliers feront foi jusqu'à preuve contraire.

189 Les dispositions contenues aux articles 161, 162, 163, 165, 167, 168, 169, 170, § 1er, 172, 175, 182, 185 et 187 ci-dessus, sont applicables aux poursuites exercées au nom et dans l'intérêt des particuliers, pour délits et contraventions commis dans les bois et forêts qui leur appartiennent.

Toutefois dans les cas prévus par l'article 169, lorsqu'il y aura lieu à effectuer la vente des bestiaux saisis, le produit net de la vente sera versé à la caisse des dépôts et consignations.

190. Il n'est rien changé aux dispositions du Code d'Instruction Criminelle relativement à la compétence des tribunaux, pour statuer sur les délits et contraventions commis dans les bois et forêts qui appartiennent aux particuliers.

191. Les procès-verbaux dressés par les gardes des bois des particuliers seront, dans le délai d'un mois, à dater de l'affirmation, remis au procureur du Roi ou au juge de paix, suivant leur compétence respective.

TITRE XII.

Des Peines et Condamnations pour tous les bois et forêts en général.

192. La coupe ou l'enlèvement d'arbres ayant deux décimètres de tour et au-dessus donnera lieu à des amendes qui seront déterminées dans les proportions suivantes, d'après l'essence et la circonférence de ces arbres.

Les arbres sont divisés en deux classes.

La première comprend les chênes, hêtres, charmes, ormes, frênes, érables, platanes, pins, sapins, mélèzes, châtaigniers, noyers, aliziers, sorbiers, cormiers, merisiers et autres arbres fruitiers.

La seconde se compose des aulnes, tilleuls, bouleaux, trembles, peupliers, saules, et de toutes les espèces non comprises dans la première classe.

Si les arbres de la première classe ont deux décimètres de tour, l'amende sera d'un franc par chacun de ces deux décimètres, et s'accroîtra ensuite progressivement de 10 centimes par chacun des autres décimètres.

Si les arbres de la seconde classe ont deux décimètres de tour, l'amende sera de 5o centimes par chacun de ces deux décimètres, et s'accroîtra ensuite progressivement de 5 centimes pour chacun des autres décimètres.

Le tout conformément au tableau annexé à la présente loi.

La circonférence sera mesurée à un mètre du sol.

193. Si les arbres auxquels s'applique le tarif établi par l'article précédent ont été enlevés et façonnés, le tour en sera mesuré sur la souche; et si la souche à été également enlevée, le tour sera calculé dans la proportion d'un cinquième en sus de la dimension totale des quatre faces de l'arbre écarri.

Lorsque l'arbre et la souche auront disparu, l'amende sera calculée suivant la grosseur de l'arbre arbitrée par le tribunal, d'après les documens du procès.

194. L'amende pour coupe ou enlèvement de bois qui n'auront pas deux décimètres de tour, sera, pour chaque charretée, de 10 francs par bête attelée, de 5 francs par chaque charge de bête de somme, et de 2 francs par fagot, fouée ou charge d'homme.

S'il s'agit d'arbres semés ou plantés dans les forêts depuis moins de cinq ans, la peine sera d'une amende de 3 francs par chaque arbre, quelle qu'en soit la grosseur, et, en outre, d'un emprisonnement de six à quinze jours.

195. Quiconque arrachera des plants dans les bois et forêts sera puni d'une amende qui ne pourra être moindre de 10 francs ni excéder 500 francs; et si le délit a été commis dans un semis ou plantation exécutés de main d'homme, il sera prononcé en outre un emprisonnement de quinze jours à un mois.

196. Ceux qui, dans les bois et forêts, auront échouppé, écorcé ou mutilé des arbres, ou qui en auront coupé les principales branches, seront punis comme s'ils les avaient abattus par le pied.

197. Quiconque enlèvera des chablis et bois de

délit sera condamné aux mêmes amendes et restitutions que s'il les avait abattus sur pied.

198. Dans les cas d'enlèvement frauduleux de bois et d'autres productions du sol des forêts, il y aura toujours lieu, outre les amendes, à la restitution des objets enlevés ou de leur valeur, et de plus, selon les circonstances, à des dommages-intérêts.

Les scies, haches, serpes, cognées et autres instrumens de même nature dont les délinquans et leurs complices seront trouvés munis, seront confisqués.

199. Les propriétaires d'animaux trouvés de jour en délit dans les bois de dix ans et au-dessus, seront condamnés à une amende de

1 franc pour un cochon,

2 francs pour une bête à laine,

3 francs pour un cheval ou autre bête de somme,

4 francs pour une chèvre,

5 francs pour un bœuf, une vache ou un veau.

L'amende sera double si les bois ont moins de dix ans; sans préjudice, s'il y a lieu, des dommages-intérêts.

200. Dans les cas de récidive, la peine sera toujours doublée.

Il y a récidive, lorsque dans les douze mois précédens il a été rendu contre le délinquant ou contrevenant un premier jugement pour délit ou contravention en matière forestière.

201. Les peines seront également doublées lorsque les délits ou contraventions auront été commis dans la nuit, ou que les délinquans auront fait usage de la scie pour couper les arbres sur pied.

202. Dans tous les cas où il y aura lieu à adjuger des dommages-intérêts, ils ne pourront être inférieurs à l'amende simple prononcée par le jugement.

203. Les tribunaux ne pourront appliquer aux matières réglées par le présent Code les dispositions de l'article 463 du Code Pénal.

204. Les restitutions et dommages-intérêts appartiennent au propriétaire; les amendes et confiscations appartiennent toujours à l'Etat.

205. Dans tous les cas où les ventes et adjudications seront déclarées nulles pour cause de fraude ou collusion, l'acquéreur ou adjudicataire, indépendamment des amendes et dommages-intérêts prononcés contre lui, sera condamné à restituer les bois déjà exploités, ou à en payer la valeur sur le pied du prix d'adjudication ou de vente.

206. Les maris, pères, mères et tuteurs, et en général tous maîtres et commettans, seront civilement responsables des délits et contraventions commis par leurs femmes, enfans mineurs et pupilles, demeurant avec eux et non mariés, ouvriers, voituriers et autres subordonnés; sauf tout recours de droit.

Cette responsabilité sera réglée conformément au paragraphe dernier de l'article 1384 du Code Civil, et s'étendra aux restitutions, dommages-intérêts et frais, sans pouvoir toutefois donner lieu à la contrainte par corps, si ce n'est dans le cas prévu par l'article 46.

207. Les peines que la présente loi prononce, dans certains cas spéciaux, contre des fonctionnaires ou contre des agens et préposés de l'administration forestière, sont indépendantes des poursuites et peines

dont ces fonctionnaires, agens ou préposés seraient passibles d'ailleurs pour malversation, concussion où abus de pouvoir.

Il en est de même quant aux poursuites qui pourraient être dirigées, aux termes des articles 179 et 180 du Code Pénal, contre tous délinquans ou contrevenans, pour fait de tentative de corruption envers des fonctionnaires publics, et des agens et préposés de l'administration forestière.

208. Il y aura lieu à l'application des dispositions du même Code dans tous les cas non spécifiés par la présente loi.

TITRE XIII.

De l'Exécution des Jugemens.

SECTION Ire.

De l'exécution des jugemens rendus à la requête de l'administration forestière ou du ministère public.

209. Les jugemens rendus à la requête de l'administration forestière, ou sur la poursuite du ministère public, seront signifiés par simple extrait qui contiendra le nom des parties et le dispositif du jugement.

Cette signification fera courir les délais de l'opposition et de l'appel des jugemens par défaut.

210. Le recouvrement de toutes les amendes forestières est confié aux receveurs de l'enregistrement et des domaines.

Ces receveurs sont également chargés du recouvrement des restitutions, frais et dommages-intérêts résultant des jugemens rendus pour délits et contraventions dans les bois soumis au régime forestier.

211. Les jugemens portant condamnation à des amendes, restitutions, dommages-intérêts et frais, sont exécutoires par la voie de la contrainte par corps, et l'exécution pourra en être poursuivie cinq jours après un simple commandement fait aux condamnés.

En conséquence, et sur la demande du receveur de l'enregistrement et des domaines, le procureur du Roi adressera les réquisitions nécessaires aux agens de la force publique chargé de l'exécution des mandemens de justice.

212. Les individus contre lesquels la contrainte par corps aura été prononcée pour raison des amendes et autres condamnations et réparations pécuniaires, subiront l'effet de cette contrainte, jusqu'à ce qu'ils aient payé le montant desdites condamnations, ou fourni une caution admise par le receveur des domaines, ou, en cas de contestation de sa part, déclarée bonne et valable par le tribunal de l'arrondissement.

213. Néanmoins les condamnés qui justifieraient de leur insolvabilité, suivant le mode prescrit par l'article 420 du Code d'Instruction Criminelle, seront mis en liberté après avoir subi quinze jours de détention, lorsque l'amende et les autres condamnations pécuniaires n'excéderont pas 15 francs.

La détention ne cessera qu'au bout d'un mois, lorsque ces condamnations s'élèveront ensemble de 15 à 50 francs.

Elle ne durera que deux mois, quelle que soit la quotité desdites condamnations.

En cas de récidive, la durée de la détention sera double de ce qu'elle eût été sans cette circonstance.

214. Dans tous les cas, la détention employée comme moyen de contrainte est indépendante de la peine d'emprisonnement prononcée contre les condamnés pour tous les cas où la loi l'inflige.

SECTION II.

De l'exécution des jugemens rendus dans l'intérêt des particuliers.

215. Les jugemens contenant des condamnations en faveur des particuliers, pour réparation des délits ou contraventions commis dans leurs bois, seront, à leur diligence, signifiés et exécutés suivant les mêmes formes et voies de contrainte que les jugemens rendus à la requête de l'administration forestière.

Le recouvrement des amendes prononcées par les mêmes jugemens sera opéré par les receveurs de l'enregistrement et des domaines.

216. Toutefois, les propriétaires seront tenus de pourvoir à la consignation d'alimens prescrite par le Code de Procédure Civile, lorsque la détention aura lieu à leur requête et dans leur intérêt.

217. La mise en liberté des condamnés ainsi détenus à la requête et dans l'intérêt des particuliers ne pourra être accordée, en vertu des articles 212 et 213, qu'autant que la validité des cautions ou l'insolvabi-

lité des condamnés aura été, en cas de contestation
de la part desdits propriétaires, jugée contradictoirement entre eux.

TITRE XIV.

Disposition générale.

218. Sont et demeurent abrogés, pour l'avenir,
toutes lois, ordonnances, édits et déclarations, arrêts
du Conseil, arrêtés et décrets, et tous réglemens in-
tervenus, à quelque époque que ce soit, sur les matières réglées par le présent Code, en tout ce qui concerne les forêts.

Mais les droits acquis antérieurement au présent
Code seront jugés, en cas de contestation, d'après les
lois, ordonnances, édits et déclarations, arrêts du
Conseil, arrêtés, décrets et réglemens ci-dessus mentionnés.

TITRE XV.

Dispositions transitoires.

219. Pendant vingt ans, à dater de la promulgation de la présente loi, aucun particulier ne pourra
arracher ni défricher ses bois qu'après en avoir fait
préalablement la déclaration à la sous-préfecture, au
moins six mois d'avance, durant lesquels l'administration pourra faire signifier au propriétaire son opposition au défrichement. Dans les six mois, à dater
de cette signification, il sera statué sur l'opposition

par le préfet, sauf le recours au Ministre des finances.

Si, dans les six mois après la signification de l'opposition, la décision du Ministre n'a pas été rendue et signifiée au propriétaire des bois, le défrichement pourra être effectué.

220. En cas de contravention à l'article précédent, le propriétaire sera condamné à une amende calculée à raison de 500 francs au moins et de 1,500 francs au plus par hectare de bois défriché, et, en outre, à rétablir les lieux en nature de bois dans le délai qui sera fixé par le jugement, et qui ne pourra excéder trois années.

221. Faute par le propriétaire d'effectuer la plantation ou le semis dans le délai prescrit par le jugement, il y sera pourvu à ses frais par l'administration forestière, sur l'autorisation préalable du préfet, qui arrêtera le mémoire des travaux faits et le rendra exécutoire contre le propriétaire.

222. Les dispositions des trois articles qui précèdent sont applicables aux semis et plantations exécutés, par suite de jugemens, en remplacement de bois défrichés.

223. Seront exceptés des dispositions de l'art. 219,

1°. Les jeunes bois, pendant les vingt premières années après leur semis ou plantation, sauf le cas prévu en l'article précédent;

2° Les parcs ou jardins clos et attenant aux habitations;

3° Les bois non clos, d'une étendue au-dessous de quatre hectares, lorsqu'ils ne feront point partie d'un autre bois qui compléterait une contenance de quatre hectares, ou qu'ils ne seront pas situés sur le sommet ou la pente d'une montagne.

224. Les actions ayant pour objet des défrichemens commis en contravention à l'article 219 se prescriront par deux ans, à dater de l'époque où le défrichement aura été consommé.

225. Les semis et plantations de bois, sur le sommet et le penchant des montagnes et sur les dunes, seront exempts de tout impôt pendant vingt ans.

La présente loi, discutée, délibérée et adoptée par la Chambre des Pairs et par celle des Députés, et sanctionnée par nous cejourd'hui, sera exécutée comme loi de l'État; voulons, en conséquence, qu'elle soit gardée et observée dans tout notre royaume, terres et pays de notre obéissance.

Si donnons en mandement à nos Cours et Tribunaux, Préfets, Corps administratifs, et tous autres, que les présentes ils gardent et maintiennent, fassent garder, observer et maintenir, et, pour les rendre plus notoires à tous nos sujets, ils les fassent publier et enregistrer partout où besoin sera : car tel est notre plaisir; et, afin que ce soit chose ferme et stable à toujours, nous y avons fait mettre notre scel.

Donné à Paris, en notre château de

le   jour du mois de   de l'an de
grace mil huit cent vingt-sept, et de notre
règne le troisième.

Tarif des Amendes à prononcer par arbre, d'après sa grosseur et son essence.

(Art. 192.)

ARBRES DE PREMIÈRE CLASSE.			ARBRES DE SECONDE CLASSE.		
Circonférence.	Amende par décimètre.	Amende par arbre.	Circonférence.	Amende par décimètre.	Amende par arbre.
décimètres.	fr. c.	fr. c.	décimètres.	fr. c.	fr. c.
1	« «	« «	1	« «	« «
2	1 00	2 00	2	0 50	1 00
3	1 10	3 30	3	0 55	1 65
4	1 20	4 80	4	0 60	2 40
5	1 30	6 50	5	0 65	3 25
6	1 40	8 40	6	0 70	4 20
7	1 50	10 50	7	0 75	5 25
8	1 60	12 80	8	0 80	6 40
9	1 70	15 30	9	0 85	7 65
10	1 80	18 00	10	0 90	9 00
11	1 90	20 90	11	0 95	10 45
12	2 00	24 00	12	1 00	12 00
13	2 10	27 30	13	1 05	13 65
14	2 20	30 80	14	1 10	15 40
15	2 30	34 50	15	1 15	17 25
16	2 40	38 40	16	1 20	19 20
17	2 50	42 50	17	1 25	21 25
18	2 60	46 80	18	1 30	23 40
19	2 70	51 30	19	1 35	25 65
20	2 80	56 00	20	1 40	28 00
21	2 90	60 90	21	1 45	30 45
22	3 00	66 00	22	1 50	33 60
23	3 10	71 30	23	1 55	35 65
24	3 20	76 80	24	1 60	38 40
25	3 30	82 50	25	1 65	41 25
26	3 40	88 40	26	1 70	44 20
27	3 50	94 50	27	1 75	47 25
28	3 60	100 80	28	1 80	50 40
29	3 70	107 30	29	1 85	53 65
30	3 80	114 00	30	1 90	57 50
31	3 99	120 90	31	1 95	60 45
32	4 00	128 00	32	2 00	64 00

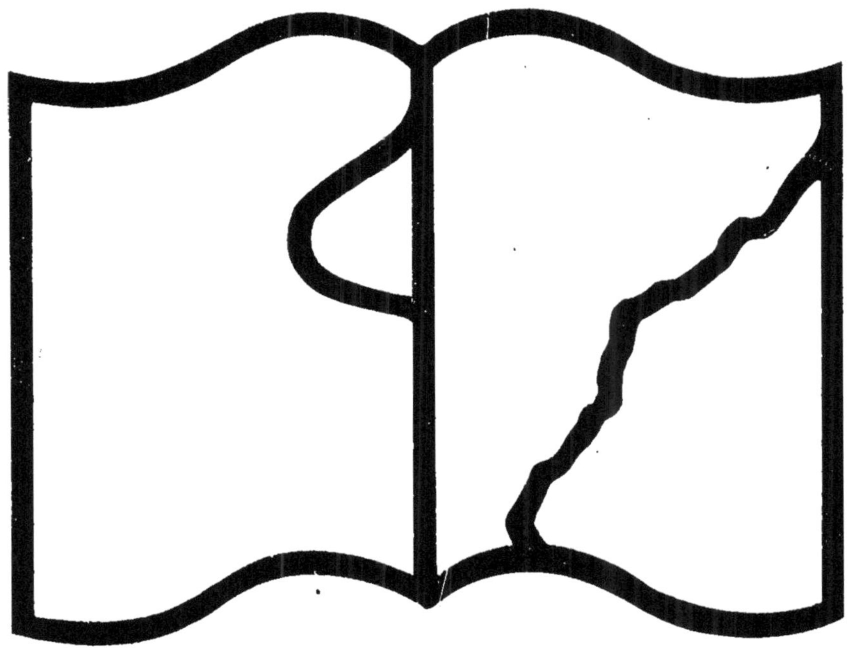

Texte détérioré — reliure défectueuse

NF Z 43-120-11

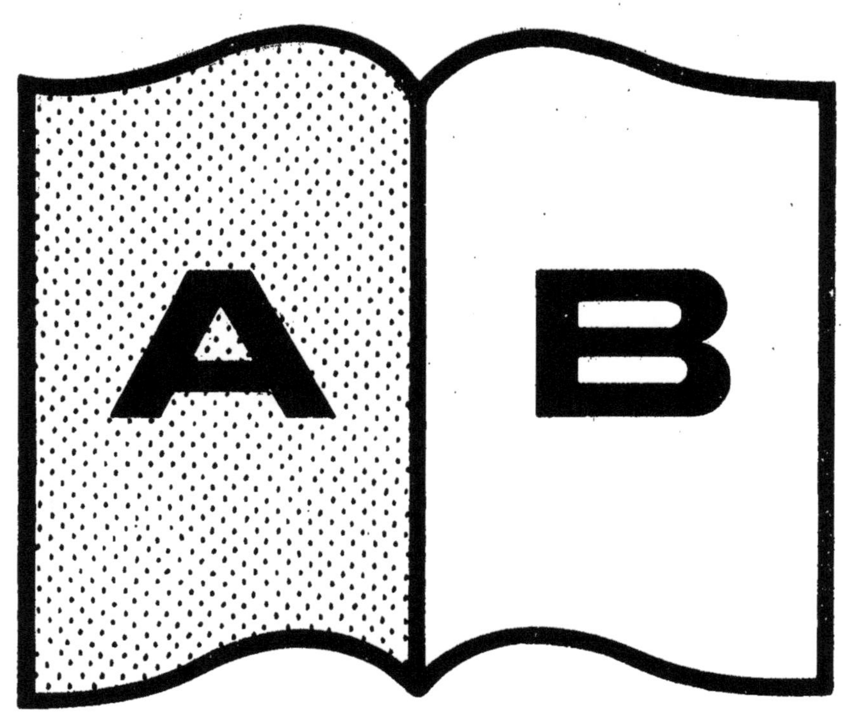

Contraste insuffisant

NF Z 43-120-14

COURS
DE THÈMES GRECS.

PREMIÈRE PARTIE.

Corrigés des Thèmes.

5526

COURS COMPLET ET GRADUÉ

DE THÈMES GRECS

ADAPTÉS A LA MÉTHODE DE M. BURNOUF.

PREMIÈRE PARTIE

CONTENANT DES THÈMES GRADUÉS SUR LES DÉCLINAISONS
ET LES CONJUGAISONS, SUIVIS D'EXERCICES GÉNÉRAUX DE TRADUCTION,
TIRÉS DE L'ABRÉGÉ DE L'HISTOIRE ROMAINE D'EUTROPE

PAR E. M. LONGUEVILLE.

NOUVELLE ÉDITION.

Corrigés des Thèmes.

PARIS.

IMPRIMERIE ET LIBRAIRIE CLASSIQUES

DE JULES DELALAIN

IMPRIMEUR DE L'UNIVERSITÉ

RUE DES ÉCOLES, VIS-A-VIS DE LA SORBONNE.

M DCCC LX.

COURS

DE THÈMES GRECS.

PREMIÈRE PARTIE.

NOMS SUBSTANTIFS.

THÈMES SUR LA PREMIÈRE DÉCLINAISON.

Noms féminins en –η, gén. -ης; en -α, gén. -ας ;
et masculins en -ης et en -ας, gén. -ου.

(Méthode, §§ 15, 16.)

THÈME 1.

I. Ἄνθρωπός ἐστι παίγνιον τύχης.

II. Φίλος ἐστὶ καταφυγὴ δυςτυχίας, ἀπορίας παραμύθιον, ἄκος ταλαιπωρίας.

III. Πολλάκις βραχεῖα ἡδονὴ μακρὰν τίκτει λύπην.

IV. Φίλει παιδείαν, σωφροσύνην, ἀλήθειαν, οἰκονομίαν, τέχνην, εὐσέβειαν.

V. Τὴν Ἡλείων ὁ Φειδίας Ἀφροδίτην ἐποίησε χελώνην πατοῦσαν, οἰκουρίας σύμβολον ταῖς γυναιξὶ καὶ σιωπῆς.

VI. Ὡς συμπόσιον χωρὶς ὁμιλίας, οὕτως πλοῦτος χωρὶς ἀρετῆς οὐδὲν ἡδονῆς ἔχει.

VII. Οὐδεὶς μετ' ὀργῆς ἀσφαλῶς βουλεύεται.

VIII. Ἡ παιδεία φέρει πρὸς ἀρετὴν καὶ εὐδαιμονίαν.

THÈME 2.

I. Αἱ κτήσεις τῆς ἀρετῆς μόναι βέβαιαί εἰσιν.

II. Ἡ παιδεία ἐν μὲν ταῖς εὐτυχίαις κόσμος ἐστὶν, ἐν δὲ ταῖς ἀτυχίαις καταφυγή.

III. Πασῶν τῶν ἀρετῶν ἡγεμών ἐστιν ἡ εὐσέβεια.

IV. Προςήκει τοῖς ἀθληταῖς τὸ σῶμα ἀεὶ γυμνάζειν.

V. Κλεινότατον ἦν ἐν Ὀλυμπίᾳ ἄγαλμα Διὸς, Φειδίου ἔργον.

VI. Μετὰ τὸν Αἰνείου θάνατον, Ἀσκάνιος τὴν βασιλείαν παρέλαβε.

VII. Ὁ Λῖνος παῖς ἦν Ἑρμοῦ καὶ μούσης Οὐρανίας.

VIII. Χρύσης ὁ ἱερεὺς ἐλίσσετο μάλιστα δύω Ἀτρείδα.

Noms contractes, masculins en -εας -ῆς, **gén.** -εου -οῦ;
et féminins en -εα -ῆ, **gén.** -ῆς ; *en* -αα -ᾶ, **gén.** -αας, -ᾶς.

(Méthode, §§ 15, 16.)

THÈME.

I. Ἡ μουσικὴ Ἀθηνᾶς ἐστιν εὕρημα.

II. Ἰουλιανὸς ὁ αὐτοκράτωρ ἐγκώμιον τῆς συκῆς ἔγραψε. — Ὅμηρος καὶ τὴν συκῆν ἐπαινεῖ. — Ἦν γλυκεραὶ συκαῖ ἐν τοῖς τοῦ Ἀλκινόου κήποις. — Οἱ Πέρσαι συκῆν οὐκ εἶχον.

III. Οἱ Ἀθηναῖοι τιμὴν ἦγον Ἑρμῇ ψιθυριστῇ.

IV. Τὸ τάλαντον τὸ Βαβυλώνιον δύο καὶ ἑβδομήκοντα μνᾶς Ἀττικὰς δύναται.

V. Ἦσαν λίθινοι Ἑρμαῖ ἐν τῇ τῶν Ἀθηναίων πόλει.

VI. Ἡ τῶν Ἑρμῶν περικοπὴ Ἀλκιβιάδῃ κρίσις ἀσεβείας ἐγένετο.

VII. Ὠρείθυια ὑπὸ Βορέου ἡρπάσθη.

Noms masculins en -ας, gén. -α ; *en* -ης, gén. -ου, voc. -α.

(Méthode ; Supplément, § 176.)

THÈME 1.

I. Νουμᾶς Πίστεως καὶ Τέρμονος ἱερὸν ἱδρύσατο.

II. Ἡ νέα Καρχηδὼν κτίσμα ἐστὶν Ἀσδρούβα, τοῦ δεξαμένου Βάρκαν, τὸν Ἀννίβα πατέρα.

III. Ὑγιείας ἄγαλμα ἐν Τεγέᾳ ἔργον ἦν Σκόπα τοῦ τεχνίτου.

IV. Ἐπὶ Ἀλεύα ἡ Θεσσαλία διῄρητο εἰς τέσσαρας μορίας.

V. Ὀρόντης ὁ προδότης εἰσήχθη εἰς τὴν τοῦ Πέρσου Ἀρταπάτα σκηνὴν, καὶ ἀπεσφάγη.

THÈME 2.

I. Ἱδρῶτά σου, ἀρότα φιλόπονε, ὁ Θεὸς ὀνίνησι.

II. Ὦ ταμία τῆς ἀδικίας, μισῶ τὸν πλοῦτόν σου.

III. Οὐ τῶν βιβλίων κτῆσις, βιβλιοπῶλα, ἀλλὰ χρῆσις παιδείας ὄργανόν ἐστιν.

IV. Ἡ τέχνη σου, γεωμέτρα, τὴν γῆν καὶ τὸν οὐρανὸν περιέχει.

V. Δέσποτα, μὴ δούλευσον τοῖς πάθεσι.

VI. Στρατιῶτα, δόξης ἐξ ἀνδρείας τεύξῃ.

VII. Ὑβριστὰ, ἐχθρὸς εἶ Θεῷ καὶ τοῖς ἀνθρώποις.

VIII. Ἡ τέχνη σου, παιδοτρίβα, τῆς ὑγιείας καὶ τῆς εὐρωστίας ἐστὶ πηγή.

IX. Οἵαις δυστυχίαις, Ὀρέστα, ὢν μητραλοίας, περιεζεύχθης !

THÈMES SUR LA DEUXIÈME DÉCLINAISON.

Noms masculins et fém. en -ος, *et neut.* en -ον, **gén.** -ου.

(Méthode, § 17.)

THÈME 1.

I. Ὁ θυμὸς ἀλόγιστός ἐστιν.

II. Ὁ πλοῦτος θνητὸς, ἡ δόξα ἀθάνατος.

III. Ὁ λόγος τῆς ψυχῆς εἴδωλόν ἐστιν.

IV. Ἡ Αἴγυπτος δῶρόν ἐστι τοῦ Νείλου.

V. Μὴ κατόκνει μακρὰν ὁδὸν πορεύεσθαι πρὸς τοὺς διδάσκειν τι χρήσιμον ἐπαγγελλομένους.

VI. Οἱ Ἡρακλέους ἔκγονοι κατῆλθον εἰς τὴν Πελοπόννησον.

VII. Ὁ ἀδόλεσχος πανταχοῦ, ἐν ἀγορᾷ, ἐν θεάτρῳ, ἐν περιπάτῳ, καθ' ἡμέραν καὶ νύκτωρ ληρεῖ.

VIII. Ἄνθρωπε, θνητὸς ὤν, μὴ μέγα φρόνει.

THÈME 2.

I. Οἱ Αἰγύπτιοι τὸν ἥλιον καὶ τὴν σελήνην θεοὺς εἶναι λέγουσιν.

II. Ὁ Ἄρης μισεῖ τοὺς κακούς.

III. Οἱ Πυγμαῖοι ταῖς γεράνοις πολεμοῦσιν.

IV. Ζητητέον τοῖς τέκνοις διδασκάλους, οἳ βίοις εἰσὶν ἀδιάβλητοι, καὶ τοῖς τρόποις ἀνεπίληπτοι, καὶ ταῖς ἐμπειρίαις ἄριστοι.

V. Οἱ Λακεδαιμόνιοι καὶ οἱ σύμμαχοι τὴν τῶν Ἀθηναίων ἡγεμονίαν κατέπαυσαν.

VI. Θεόφραστος ἔφη τοὺς μοχθηροὺς τῶν ἀνθρώπων ἐπὶ τοῖς ἰδίοις ἀγαθοῖς οὐχ οὕτως ἥδεσθαι, ὡς ἐπὶ τοῖς ἀλλοτρίοις κακοῖς.

NOMS CONTRACTES DE LA DEUXIÈME DÉCLINAISON.

___

Noms masculins en -οος -ους, et neut. en -εον -ουν.

(Méthode, § 17, et Supplément, § 178.)

THÈME 1.

I. Πολλάκις ἀνθρώπων ὀργὴ νόον ἐξεκάλυψε κρυπτόμενον.

II. Κάτοπτρον εἴδους χαλκός ἐστι, οἶνος δὲ νοῦ.

III. Ἀνδρὸς οἶνος ἔδειξε νόον.

IV. Νεῦρα καὶ ὀστᾶ τοῦ ἀνθρώπου φθαρτά εἰσι, νοῦς δὲ ἀθάνατος.

V. Τοὺς Κόλχους, Ἰάσονος εἰς Αἶαν τὸν πλοῦν καὶ τοὺς περὶ Κίρ-
κης τε καὶ Μηδείας μύθους ᾔδει Ὅμηρος.

VI. Νῆσος Κέρκυρα παράπλου ἐξ Ἑλλάδος ἐπὶ Σικελίαν καὶ
Ἰταλίαν καλῶς ἔκειτο.

THÈME 2.

I. Οἱ Ἀθηναῖοι ἐν τῷ ἐπὶ Σικελίαν παράπλῳ παρασκευὰς μεγά-
λας ἐποιήσαντο.

II. Φίλῳ πιστῷ Πειρίθῳ Θησεὺς ἐχρῆτο.

III. Οἱ Ἰνδοὶ φλοῦν ἐκ τῶν ποταμῶν ἀμῶσι, καὶ τὸ ἐντεῦθεν
τρόπον φορμοῦ καταπλέξαντες, ὡς θώρακα ἐνδύουσι.

IV. Τοσοῦτον σκολιός ἐστι ῥοῦς τοῦ Μαιάνδρου ποταμοῦ, ὥςτε
πάντα τὰ σκολιὰ ἐξ ἐκείνου καλεῖσθαι.

THÈME 3.

I. Ὁ Ζεῦξις ἐποίησεν ἱπποκένταυρον, ἀνατρέφουσαν παιδίω ἱπποκενταύρω διδύμω, κομιδῇ νηπίω.

II. Ἡ ὀργὴ καὶ ἡ ἀσυνεσία, δύω μεγίστω κακὼ, πολλοὺς ἀπώλεσαν.

III. Ὁ Θεὸς ἀδελφὼ ἐποίησεν ἐπὶ τῇ ἀλλήλων ὠφελείᾳ.

IV. Φρόνησις καὶ ὑγίεια δύο μεγίστω τοῦ βίου ἀγαθώ εἰσι.

V. Περικλῆς ἔγραψε μὴ εἶναι Ἀθηναῖον, ὃς μὴ γέγονεν ἐξ ἀμφοῖν ἀστοῖν.

NOMS DÉCLINÉS ATTIQUEMENT.

Noms masculins en -ως, et neutres en -ων ; gén. -ω.

(Méthode, § 18, et Supplément, § 179.)

THÈME.

I. Οἱ τὰ ἄκρα τοῦ Ἄθω ἐνοικοῦντες μακροβιώτατοι εἶναι λέγονται.

II. Πτολεμαῖος ὁ Φιλοπάτωρ κατεσκεύασεν Ὁμήρῳ νεών.

III. Αἱροῦνται οἱ λαγὼ ὑπὸ ἀλωπέκων, τοτὲ μὲν δρόμῳ, τοτὲ δὲ τέχνῃ.

IV. Ἐν τῇ Σάμῳ τῇ Ἥρᾳ πλείστους ταὼς ἔτρεφον, καὶ ἐπὶ τοῦ νομίσματος τῶν Σαμίων ταὼς ἦν.

V. Εὔφορβος ἐπ' Ἰλίῳ ὑπὸ Μενέλεω ἀπέθανε.

VI. Πρὸς τὴν ἔω ᾤκουν οἱ Ἰνδοί.

THÈMES SUR LA TROISIÈME DÉCLINAISON.

Gén. sing. -ος.

(Méthode, §§ 19-21.)

THÈME 1.

I. Ἡ τυραννὶς ἀδικίας μήτηρ ἔφυ.

II. Ὁ δειλὸς τῆς πατρίδος προδότης ἐστίν.

III. Πολλὰ τοῖς ἀνθρώποις παρὰ τὴν ἐλπίδα ἐγένοντο.

IV. Ὁ ἐλέφας τὸν δράκοντα ὀῤῥωδεῖ.

V. Ἀτρεὺς καὶ Θυέστης υἱοὶ ἦσαν Πέλοπι.

VI. Φὼρ φῶρα καὶ λύκος λύκον γιγνώσκει.

THÈME 2.

I. Οἱ ἀγαθοὶ ἄνδρες Θεοῦ εἰκόνες εἰσίν.

II. Τὴν Ἰταλίαν ᾤκησαν πρῶτοι Αὔσονες αὐτόχθονες.

III. Ἅπαντες οἱ λέοντές εἰσιν ἄλκιμοι.

IV. Σταγόνες ὕδατος πέτρας κοιλαίνουσιν.

V. Οἱ Φοίνικες τῷ Ἡρακλεῖ ὄρτυγας ἔθυον.

VI. Οἱ πέρδικες ἐν τῇ Ἀττικῇ εὔφωνοι, οἱ δὲ ἐν Βοιωτίᾳ ἰσχνόφωνοι ἦσαν.

VII. Ἡ παροιμία λέγει παλίμπαιδας τοὺς γέροντας γίγνεσθαι.

VIII. Παλαιὸς μῦθος λέγει τοὺς Μυρμιδόνας ἐκ μυρμήκων ἄνδρας γεγονέναι.

IX. Δεῖ τὴν αἰδῶ, καὶ τὴν φιλοτιμίαν τοῖς τέκνοις ὡς μύωπα καὶ χαλινὸν τοῖς ἵπποις προσεζεῦχθαι.

THÈME 3.

I. Οἱ νομάδες τῶν Λιβύων οὐ ταῖς ἡμέραις, ἀλλὰ ταῖς νυξὶν ἀριθμοῦσι.

II. Περίανδρος ἐρωτηθεὶς τί μέγιστον ἐν ἐλαχίστῳ, εἶπε· « Φρένες ἀγαθαὶ ἐν σώματι ἀνθρώπου. »

III. Γνώμη κρείσσων ἐστὶν ἢ ῥώμη χειρῶν.

IV. Εὐωδία καὶ μύρον γυψὶν αἰτία θανάτου.

V. Οἱ κόλακες τοῖς κόραξιν ἐοίκασι· τὰ τῶν ἐκθηρευθέντων ὄμματα λυμαίνονται.

VI. Ἡ τῶν ἁλῶν χρῆσις καὶ ἐν ταῖς σπονδαῖς ἦν.

VII. Πολέμων ὁ σοφιστής, τῶν ἄρθρων αὐτῷ λιθιώντων, ἐπιστέλλων Ἡρώδῃ ὑπὲρ ταύτης τῆς νόσου, ὧδε ἐπέστειλε· « Δεῖ ἐσθίειν, οὐκ ἔχω χεῖρας· δεῖ βαδίζειν, οὐκ εἰσί μοι πόδες· δεῖ ἀλγεῖν, τότε μοι πόδες καὶ χεῖρές εἰσι. »

THÈME 4.

I. Ταλθύβιός τε καὶ Εὐρυβάτης κήρυκε καὶ ὀτρηρῶ θεράποντε Ἀγαμέμνονος ἤστην.

II. Ἥφαιστος τὼ πόδε χωλὸς ἦν.

III. Ἡ Μήδεια γράφεται τὼ παῖδε δεινὸν ὑποβλέπουσα· ἔχει δὲ ξίφος ἐν χερσί· τὼ δὲ ἀθλίω καθῆστον γελῶντε, μηδὲν τῶν μελλόντων εἰδότε, καὶ ταῦτα ὁρῶντε τὸ ξίφος ἐν ταῖν χεροῖν τῆς μητρός.

THÈME 5.

I. Ζεῦ βασιλεῦ, τὸ μὲν ἐσθλὸν ἡμῖν δίδου καὶ εὐχομένοις καὶ ἀνεύκτοις, τὰ δὲ δεινὰ καὶ εὐχομένοις ἀπάλεξε.

II. Ὦ παῖ, ἕπου ταῖς τῶν πρεσβυτέρων ἐπαγγελίαις.

III. Μάντι κακῶν, Κάλχα, ἐκέλευσας θύειν Ἰφιγένειαν.

IV. Ὦ Πόσειδον, ἵλεως ἴσθι τοῖς ναύταις.

V. Ὦ Θεὸς παγκρατές, δαῖμον, πάτερ καὶ κτίστορ τοῦ παντός, ἀρχικέραυνε, χαῖρε· τὸ σὸν κράτος ἀεὶ καθυμνήσω· οὐ γάρ τι ἔργον ἐπὶ χθονὶ δίχα σοῦ γίγνεται.

VI. Ὦ πλοῦτε καὶ τυραννί, ὅσος φθόνος παρ᾽ ὑμῖν φυλάσσεται!

VII. Γανύμηδες, τί σε τὸ κάλλος πρὸς τὴν σωφροσύνην ὀνήσει;

VIII. Ὦ Σώκρατες, τὸν θάνατον ἔπαθες παρανόμως.

IX. Διογενὲς Αἶαν, σῶτερ τῶν Ἀχαιῶν, ποσάκις τὰς τῶν Τρώων φάλαγγας ἔῤῥηξας !

X. Ὦ ἄνα, Λητοῦς καὶ Διὸς υἱὲ, οὔποτε σοῦ λήσεται ὁ ποιητὴς ἀρχόμενος.

NOMS CONTRACTES DE LA TROISIÈME DÉCLINAISON.

Terminaisons -ης, *masc. et fém.;* -ος, *neutre;* gén. -εος -ους.

(Méthode, § 22, et Supplément, § 181.)

THÈME 1.

I. Ἀμαζόνες ἐφόρουν χιτῶνας ποδήρεις.

II. Ἤθους βάσανός ἐστιν ἀνθρώποις χρόνος.

III. Διογένης κατέλαβέ ποτε Δημοσθένην τὸν ῥήτορα ἐν πανδοχείῳ ἀριστῶντα · τοῦ δ' ὑποχωροῦντος, « Τοσούτῳ, ἔφη, μᾶλλον ἔσῃ ἐν τῷ πανδοχείῳ. »

IV. Ἐν Βοιωτίᾳ δύο εἰσὶν ἐπίσημα ὄρη, τὸ μὲν Ἑλικὼν καλούμενον, ἕτερον δὲ Κιθαιρών.

V. Ὁ Νεῖλος ἔχει παντοῖα γένη ἰχθύων.

VI. Δημήτριος ὁ Πολιορκητὴς βίᾳ ᾕρει τὰς πόλεις κατασείων τὰ τείχη, Τιμόθεος δὲ πείθων.

VII. Ὡς ἔργον εὖ ζῆν ἐν πονηροῖς ἤθεσιν !

VIII. Πλάτων καὶ Ξενοφῶν ἀπολογίαν ὑπὲρ Σωκράτους ἐγραψάτην.

IX. Αἱ τριήρεις ἐν Κορίνθῳ πρῶτον Ἑλλάδος ἐναυπηγήθησαν.

X. Δημοσθένης Φιλίππῳ ὑπέστη · Δημοσθένους ὁ βίος πένης μὲν ἦν, μεγάλη δὲ ἡ παρρησία. Δημοσθένει, πολλῶν διδομένων, οὐδὲν, οὔτε πλῆθος οὔτε κάλλος, ἐφάνη προδοσίας ἄξιον. Ἀλέξανδρος ἐζήτει Δημοσθένην · ἀδίκως τε ἀπέθανες, ὦ Δημόσθενες.

THÈME 2.

I. Περικλῆς υἱὸς ἦν Νεοκλέους τοῦ Ἀθηναίου.

II. Ἰσοκράτης πρὸς Νικοκλῆ τὸν Κύπριον τύραννον παραινετικὸν λόγον ἔγραψε.

III. Θεμιστοκλεῖ μετὰ ναυμαχίαν ἐπὶ Σαλαμῖνι πάντες Ἕλληνες τὰ ἀριστεῖα ἀπέδοσαν.

IV. Ὦ Καλλίκλεις, ἕκαστός τις ἴδιον πάθος ἔχει.

● *Terminaison* -ις, gén. -εως.

(Méthode, § 23.)

THÈME.

I. Ἡ φύσις ἄνευ μαθήσεως τυφλὸν, ἡ δὲ μάθησις ἄνευ φύσεως ἐλλιπές.

II. Πόλεως ψυχὴ οἱ νόμοι.

III. Ἀρίστιππος ἔφη πρὸς τὸν ἀδελφόν · « Μέμνησο ὅτι τῆς μὲν διαστάσεως σὺ ἦρξω, τῆς δὲ διαλύσεως ἐγώ. »

IV. Ἤθη πονηρὰ τὴν φύσιν διαστρέφει.

V. Παρὰ τὰς πέντε αἰσθήσεις, ὄψιν, ἀκοὴν, ὄσφρησιν, γεῦσιν, ἀφὴν, οὐκ ἔστιν ἕτερα.

VI. Ἡ μετάνοια τὰς πράξεις παραλόγους παρέπεται.

Terminaison -εύς, gén. -έως.

(Méthode, § 24, et Supplément, § 182.)

THÈME 1.

I. Ἡ ὕδραυλίς ἐστιν εὕρημα Κτησιβίου Ἀλεξανδρέως, κουρέως τὴν τέχνην.

II. Διεσπάσαντο τὸν Πενθέα αἱ Μαινάδες, καὶ αἱ Θρᾷτται τὸν Ὀρφέα.

III. Ἡ τύχη ἔοικε φαύλῳ βραβεῖ· πολλάκις γὰρ τὸν μηδὲν πράξαντα στεφανοῖ.

IV. Τοῖς συγγραφές ἀναγκαῖόν ἐστι μὴ ψεύδεσθαι· δεῖ δὲ, οἶμαι, τοὺς συγγραφεῖς ἐν τοῖς ἀγνοήμασι τυγχάνειν συγγνώμης, ὡς ἀνθρώπους ὄντας.

V. Ἐπιεικῶς λάλον ἐστὶ τὸ τῶν κουρέων γένος. Ἀδολέσχου δὲ κουρέως ἐρωτήσαντος Ἀρχέλαον· « Πῶς σε κείρω, βασιλεῦ; — Σιωπῶν, » ἔφη.

VI. Βούλου γονεῖς πρὸ παντὸς ἐν τιμαῖς ἔχειν.

VII. Πολύγνωτος ὁ Θάσιος, καὶ Διονύσιος ὁ Κολοφώνιος γραφέε ἤστην.

VIII. Οἱ Σικελικοὶ νομεῖς σύριγγας εἶχον.

IX. Οἱ Δωριεῖς τὴν Πελοπόννησον σὺν τοῖς Ἡρακλείδαις ἔσχον ὀγδοηκοστῷ ἔτει μετὰ τὴν Ἰλίου ἅλωσιν.

THÈME 2.

I. Λύσανδρος μετὰ τὴν ἐν τοῖς Αἰγὸς ποταμοῖς νίκην πρὸς τὸν λιμένα Πειραιέα στόλῳ ὡρμίσατο.

II. Ἦν θέατρα καὶ ἐν Ἄστει καὶ ἐν τῷ Πειραιεῖ.

III. Οἱ Ἀθηναῖοι εὐαγγέλια τοὺς ἀγυιέας κνισσᾶν εἰώθεσαν.

IV. Οἱ πολιορκούμενοι Δία τὸν πολιέα ἐπεκαλοῦντο.

V. Οἱ Ἀθηναῖοι ἐν τῇ ἐπὶ Μαραθῶνι μάχῃ Πλαταιεῖς μόνους συμμάχους εἶχον.

Terminaisons -υς et -υ.

(Méthode, § 25, 26.)

THÈME.

I. Τὸ μῆκος τῆς κιβωτοῦ τοῦ Νῶε ἦν τριακοσίων πήχεων.

II. Οἱ ἱερεῖς Αἰγύπτιοι ἔφασαν τοῦ ἀνδριάντος Ὀσυμανδύου τὸν πόδα μετρούμενον ὑπερβάλλειν τοὺς ἑπτὰ πήχεις.

III. Ὁ πάπυρος φύεται οὐκ ἐν βάθει τοῦ ὕδατος, ἀλλ᾿ ὅσον ἐν δύο πήχεσι, μῆκος δὲ οὐχ ὑπὲρ δέκα πήχεις.

IV. Οἱ πολύποδες ἐλλοχῶσι τοὺς ἰχθῦς.

V. Ἀνάχαρσις τὴν ἄμπελον εἶπε τρεῖς φέρειν βότρυς· τὸν πρῶτον, ἡδονῆς· τὸν δεύτερον, μέθης· τὸν τρίτον, ἀηδίας.

VI. Οἱ κυνηγοὶ τὸν ὗν ἄγριον ἁλίσκουσιν ἄρκυσι καὶ κυσὶ χρώμενοι.

VII. Γλαῦκος ὑπάρχων ἔτι νήπιος, μῦν διώκων, εἰς πίθον μέλιτος ἔπεσε.

Terminaisons -ώς et -ώ, gén. -όος, contr. -οῦς.

(Méthode, § 27.)

THÈME.

I. Ἀπόλλων, ὁ Διὸς καὶ Λητοῦς παῖς, ὅτε τὸν Πύθωνα κατετόξευσεν, ἦλθεν εἰς Δελφοὺς, καὶ παρέλαβε τὸ μαντεῖον τῆς Γῆς.

II. Αἰδοῦς παρὰ πᾶσιν ἄξιος ἔσῃ, ἐὰν πρῶτον ἄρξῃς σαυτὸν αἰδεῖσθαι.

III. Οὐκ ἔστι πειθοῦς ἱερὸν ἄλλο, πλὴν λόγος.

IV. Δημάδης εἶπε τὴν αἰδὼ τοῦ κάλλους ἀκρόπολιν εἶναι.

V. Ἱστοροῦσι τὴν ναῦν Ἀργὼ προςαγορευθῆναι ἀπὸ τοῦ τὸ σκάφος ἀρχιτεκτονήσαντος Ἄργου · καὶ οἱ ἐν τῇ Ἀργοῖ νηΐ πλέοντες προςηγορεύθησαν Ἀργοναῦται.

VI. Ἐν Κολχοῖς ἡ τοῦ Ἀργοῦς ἄγκυρα ἐδείκνυτο.

VII. Μήτε ἐν τοῖς κακοῖς, μήτε ἐν τῇ εὐεστοῖ ξύνοικος εἴην τῷ τῶν ἀσεβῶν γένει.

Terminaison -ας, gén. ατος, αος, ως.

(Méthode, § 28.)

THÈME.

I. Οἱ ἄφρονες τῶν βροτῶν τῷ γήρᾳ ἀγανακτοῦσι.

II. Ὥςπερ τὸ φθινόπωρόν ἐστιν ἐπὶ τῷ τοῦ ἐνιαυτοῦ πέρα, οὕτω καὶ τὸ γῆρας ἐπὶ τῷ τοῦ βίου · ἔστι δὲ καὶ τοῦ γήρως ἐπικαρπία νοῦς καὶ σωφροσύνη.

III. Τῶν ταύρων καὶ τῶν θηλείων βοῶν τὰ κέρα διαφέρει.

IV. Οἱ ἔλαφοι μόνοι τὰ κέρα βάλλουσι.

V. Κλέαρχος μὲν ἐν τῇ ἐπὶ Κουνάξῃ μάχῃ τοῦ στρατεύματος τοῦ δεξιοῦ κέρως ἡγήσατο, Μένων δὲ τοῦ εὐωνύμου.

VI. Οἱ Παδαῖοι, Ἰνδικὸν ἔθνος, ὠμοῦ κρέως ἐδεσταί εἰσι.

VII. Οἱ κείμενοι ἀστέρες ἐπὶ τοῖς τοῦ Ταύρου κέρασι Ὑάδες καλοῦνται.

VIII. Οἱ ἐν ταῖς μάχαις ἀριστεύοντες Ἕλληνες γέρα ἐλάγχανον.

IX. Ἡρακλῆς λέγεται ἐν δέπᾳ εἰς Ἐρύθειαν πορευθῆναι.

Terminaison -ηρ.

(Méthode, § 29.)

THÈME.

I. Παιδός, οὐκ ἀνδρός, τὸ ἀμέτρως ἐπιθυμεῖν.

II. Πατρὸς ἐπιτίμησις ἡδὺ φάρμακον.

III. Ὅτε ἑάλω τὸ Ἴλιον, ὁ Αἰνείας τοὺς πατρῴους θεοὺς βαστάσας ἔφερεν, ὑπεριδὼν τῶν ἄλλων· ἡσθέντες οὖν ἐπὶ τῇ τοῦ ἀνδρὸς εὐσεβείᾳ οἱ Ἕλληνες, καὶ δεύτερον αὐτῷ κτῆμα συνεχώρησαν λαβεῖν. Ὁ δὲ τὸν πατέρα πάνυ σφόδρα γεγηρακότα ἀναθέμενος τοῖς ὤμοις ἔφερεν.

IV. Οἱ Λύκιοι καλοῦσιν ἀπὸ τῶν μητέρων ἑαυτοὺς, καὶ οὐχὶ ἀπὸ τῶν πατέρων, γενεαλογοῦντες δὲ τῆς μητρὸς ἀναμνῶνται τὰς μητέρας.

V. Ἐκρίθη τῶν μὲν ἀνδρῶν ἄριστος Πόπλιος Νασικᾶς, τῶν δὲ γυναικῶν Οὐαλερία.

VI. Ὁ Σκιπίων ὁ Αἰμιλίου κατασκευὴν πολλῶν οὖσαν ταλάντων ἐδωρήσατο τῇ μητρί. Μετὰ ταῦτα ταῖς Σκιπίωνος τοῦ μεγάλου θυγατράσι τὰς φερνὰς οὗτος εὐθέως ἁπάσας ἀπέλυσεν. Ἐν τοῖς ἀνδράσι καὶ ἐν ταῖς γυναιξὶ καθ' ὅλην τὴν πόλιν περιβόητος ἦν ἡ μεγαλοψυχία τοῦ νεανίσκου.

VII. Λύκιοι τὰς γυναῖκας μᾶλλον ἢ τοὺς ἄνδρας τιμῶσι, καὶ κληρονομίας ταῖς θυγατράσι λείπουσιν, οὐ τοῖς υἱοῖς.

VIII. Ἐν Βυάοις Λίβυσιν ἀνὴρ μὲν ἀνδρῶν βασιλεύει, γυνὴ δὲ γυναικῶν.

IX. Ζήλου τὸν ἐσθλὸν ἄνδρα καὶ τὸν σώφρονα.

X. Ἐσθλῷ ἀνδρὶ ἐσθλὰ καὶ διδοῖ Θεός.

XI. Ὑμεῖς, ὦ πάτερ καὶ μῆτερ, ἡμῖν καὶ θεοί ἐστε.

XII. Χαλεπόν ἐστι λέγειν πρὸς γαστέρα ὦτα οὐκ ἔχουσαν.

THÈMES DE RÉCAPITULATION

Sur toutes les déclinaisons et sur la plupart des formes rares ou exceptionnelles, indiquées dans le *Supplément de la Méthode*, § 176 et suivants.

THÈME 1.

I. Κολάζονται ἐν ᾅδου πάντες οἱ κακοί, βασιλεῖς, δοῦλοι, σατράπαι, πένητες, πλούσιοι, πτωχοί.

II. Ἀκρίσιος τὴν ἑαυτοῦ θυγατέρα Δανάην μετὰ τοῦ παιδὸς

Περσέως ἐν λάρνακι εἰς θάλασσαν ἔρριψεν· ἡ δὲ λάρναξ προςηνέχθη Σερίφῳ τῇ νήσῳ.

III. Ἀγαθοκλέους ἐκλελοιπότος, πάντα ἐν Σικελίᾳ μεστὰ ἦν στάσεως καὶ ἀναρχίας.

IV. Ὥςπερ οἱ ἐν εὐδίᾳ πλέοντες, καὶ τὰ πρὸς τὸν χειμῶνα ἔχουσιν ἕτοιμα· οὕτως οἱ ἐν εὐτυχίαις φρονοῦντες καὶ τὰ πρὸς τὴν ἀτυχίαν ἑτοιμάζουσι βοηθήματα.

V. Οἱ τέττιγες σιτοῦνται τῆς δρόσου.

THÈME 2.

I. Αἰακὸς τὰς κλεῖς τοῦ ᾅδου φυλάττει.

II. Ἐγένετο κατὰ τοὺς Τιβερίου χρόνους ἀνήρ τις Ἀπίκιος, ἀφ᾽ οὗ πλακούντων γένη πολλὰ Ἀπίκια ὀνομάζεται.

III. Οἱ ὄφεις τὸν ἰὸν ἐν τοῖς ὀδοῦσιν ἔχουσι.

IV. Ἐξῆν καὶ τῷ Ἀχιλλεῖ ζῆν καὶ βασιλεύειν τῶν Μυρμιδόνων, καὶ τῷ Νέστορι ἐν Πύλῳ ἐν εἰρήνῃ ἄρχειν, καὶ τῷ Ὀδυσσεῖ οἴκοι μένειν, ἢ παρὰ Καλυψοῖ ἐν ἄντρῳ καταρρύτῳ καὶ κατασκίῳ, ἀγήρῳ ὄντι καὶ ἀθανάτῳ· ἀλλ᾽ οὐχ εἵλετο ἀθάνατος εἶναι, ἀργὸς ὢν, καὶ μηδὲν χρώμενος τῇ ἀρετῇ.

V. Ἄργος ὁ πανόπτης ὀφθαλμοὺς εἶχεν ἐν παντὶ τῷ σώματι.

THÈME 3.

I. Ἡρακλῆς τῇ χολῇ τῆς Λερναίας ὕδρας τοὺς ὀϊστοὺς ἔβαψε.

II. Ποθεῖ ἄνθρωπος νύκτα μεθ᾽ ἥλιον, καὶ λιμὸν μετὰ κόρον, καὶ δίψαν μετὰ μέθην· κἂν ἀφέλῃς αὐτοῦ τὴν μεταβολὴν, λύπην τὴν ἡδονὴν ποιεῖς.

III. Ἡρακλῆς ἔλαβε παρὰ Ἑρμοῦ μὲν ξίφος, παρ᾽ Ἀπόλλωνος δὲ τόξα, παρὰ Ἡφαίστου δὲ θώρακα χρυσοῦν, παρὰ δὲ Ἀθηνᾶς πέπλον.

IV. Ὦ Ζεῦ, καὶ Ἀθηνᾶ, καὶ Ἀπόλλον, δότε μοι ἀρετὴν ψυχῆς, καὶ ἡσυχίαν βίου, καὶ ζωὴν ἄμεμπτον, καὶ εὔελπιν θάνατον.

V. Λέγεται ἐπακολουθῆσαι χῆνα Λακύδῃ τῷ φιλοσόφῳ, καὶ ταὼν παρθένῳ, καὶ δελφῖνα παιδί.

THÈME 4.

I. Ξέρξου ἐν Ἑλλάδι πολεμοῦντος, ἡ αὐτοῦ μήτηρ ἐδόκει ἐν ὀνείροις ἰδεῖν δύο γυναῖκε, μεγέθει πολὺ ἐκπρεπεστάτα, κάλλει ἀμώμω, καὶ κασιγνήτα τοῦ αὐτοῦ γένους, Ἀσίαν καὶ Ἑλλάδα.

II. Φίλιππος γενόμενος κριτὴς δυεῖν πονηροῖν, ἐκέλευσε τὸν μὲν φεύγειν ἐκ Μακεδονίας, τὸν δὲ ἕτερον διώκειν.

III. Αἱ Φόρκου θυγατέρες γραῖαι ἦσαν ἐκ γενετῆς, ἕνα τε ὀφθαλμὸν καὶ ἕνα ὀδόντα εἶχον, τρεῖς οὖσαι, καὶ ταῦτα παρὰ μέρος ἀλλήλαις ὤπασαν.

IV. Κλεάνθης εἰς ὄστρακα καὶ βοῶν ὠμοπλάτας ἔγραφεν ἅπερ ἤκουε παρὰ τοῦ Ζήνωνος, ἀπορίᾳ κερμάτων, ὥςτε ὠνήσασθαι χαρτία.

THÈME 5.

I. Θεὸς ἑκάστῳ ὅπλον τι ἔνειμε, λέουσιν ἀλκὴν καὶ ταχυτῆτα, ταύροις κέρατα, μελίσσαις κέντρα, ἀνδρὶ λόγον καὶ σοφίαν.

II. Χείρων ὁ Κένταυρος τὸν Ἀχιλλέα, παῖδα ἔτι ὄντα, ἔτρεφε σπλάγχνοις λεόντων καὶ συῶν ἀγρίων, καὶ ἄρκτων μυελοῖς, καὶ καρτερὸν ἔθηκε καὶ ποδώκη.

III. Ζήνων ἔφη δεῖν τὰς πόλεις κοσμεῖν οὐκ ἀναθήμασιν, ἀλλὰ ταῖς τῶν οἰκούντων ἀρεταῖς.

IV. Ἡ τῶν βροτῶν φύσις καὶ νόσων ἥττων καὶ γήρως, καὶ ἡ μοῖρα ἀπαραίτητος.

V. Μίλων ὁ Κροτωνιάτης ἤσθιε μνᾶς κρεῶν εἴκοσι, καὶ τοσαύτας ἄρτων, οἴνου τε τρεῖς χόας ἔπινεν. Ἐν δὲ Ὀλυμπίᾳ ποτὲ βοῦν ἀναθέμενος τοῖς ὤμοις, τοῦτον περιήνεγκε δι' ὅλης κοῦφα πανηγύρεως· μετὰ ταῦτα, εἰς κρέα δαιτρεύσας μόνος αὐτὸν κατέφαγε πάντα ἐν μιᾷ ἡμέρᾳ.

THÈME 6.

I. Ἡρόδωρος, ὁ Μεγαρεὺς σαλπιγκτὴς, ἐγένετο τὸ μὲν μέγεθος πηχῶν τριῶν καὶ ἡμίσους· ἦν δὲ καὶ τὰς πλευρὰς ἰσχυρός · ἤσθιε δὲ ἄρτων μὲν χοίνικας ἓξ, κρεῶν δὲ λίτρας εἴκοσιν· ἔπινε δὲ χόας δύο· καὶ ἐσάλπιζεν ἅμα σάλπιγξι δυσί.

II. Ἀρκεσίλαος ἑστιῶν τινας, καὶ ἐλλιπόντων τῶν ἄρτων, νεύσαντος τοῦ παιδὸς, ὡς οὐκ ἔτ᾽ εἰσὶν, ἀνακαγχάσας καὶ τὼ χεῖρε συγκροτήσας· « Οἷόν τι, ἔφη, τὸ συμπόσιόν ἐστιν ἡμῶν, ἄνδρες φίλοι! ἄρτους ἐπιλελήσμεθα ἀρκοῦντας πρίασθαι · τρέχε δὴ, παῖ. »

III. Αἱ Καρχηδονίων γυναῖκες ἐκείραντο τὰς κεφαλὰς, καὶ ταῖς θριξὶν ἐντεῖναι τὰς μηχανὰς παρέσχον ὑπὲρ τῆς πατρίδος.

IV. Νέρων τὸ γενεῖον ὅτε πρῶτον ἐξύρατο, τὰς τρίχας ἐς σφαιρίον τι χρυσοῦν ἐμβαλὼν, ἀνέθηκε τῷ Διῒ τῷ Καπιτωλίνῳ.

V. Γύναι, γυναιξὶ κόσμον ἡ σιγὴ φέρει.

THÈME 7.

I. Οἱ Ἕλληνες Ἀπόλλω ὡς τοξικῆς, ἰατρικῆς τε καὶ μαντικῆς εὑρετὴν ἐτίμων.

II. Ἀχιλλέα μέγιστον τῶν Ἀχαιῶν ἥρω καλεῖ Ὅμηρος.

III. Οἱ παλαιοὶ Ποσειδῶ τὴν γῆν σείειν ἐνόμιζον καὶ ἡγοῦντο τοὺς σεισμοὺς τοῦ Ποσειδῶνος ἔργον.

IV. Οἱ Ἕλληνες εὐχὰς ἐποιοῦντο μετ᾽ ἐγκωμίων περὶ θεοὺς, δαίμονάς τε καὶ ἥρως.

V. Ζωΐλος τὴν κεφαλὴν ἐν χρῷ ἐκέκαρτο.

VI. Οἱ θεοὶ ἀθάνατοι ἀρετὴν καμάτῳ καὶ ἱδρῷ ὤπασαν.

VII. Τὸν ἐν εὐεστῷ φίλῳ τελευτήσαντα βίον χρὴ ὀλβίσαι.

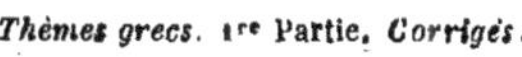

ADJECTIFS.

THÈMES SUR LES ADJECTIFS PARISYLLABIQUES.

(Méthode, §§ 30-32.)

THÈME 1.

I. Κακῆς ἀπ' ἀρχῆς γίγνεται τέλος κακόν.

II. Οὐχ οὕτως τοῖς ὀρφανοῖς παισὶν, ὡς τοῖς ἀνοήτοις ἀνδράσιν, ἐπιτρόπων ἐστὶ χρεία.

III. Πένητας ἀργοὺς οὐ τρέφει ῥᾳθυμία.

IV. Πενία οὐ σμικρὰ νόσος.

V. Χρόνος δίκαιον ἄνδρα μηνύει ποτέ.

VI. Φύσιν πονηρὰν μεταβαλεῖν οὐ ῥᾴδιον.

VII. Ἡδοναὶ ἄκαιροι τίκτουσιν ἀηδίας.

VIII. Ἔργων πονηρῶν χεῖρ' ἐλευθέραν ἔχε.

IX. Ἐλευθέρου ἀνδρὸς ἀλήθειαν λέγειν.

X. Οἱ κόλακές εἰσιν φίλοις ὅμοιοι, ὥςπερ καὶ οἱ λύκοι κυσί.

THÈME 2.

I. Ἡ εὐχὴ τὸν Θεὸν ἵλεων ἔθηκε.

II. Οἱ Θεοὶ παρ' Ὁμήρῳ ἀθάνατοί τε καὶ ἀγήρῳ ὑμνοῦνται.

III. Νικοκρέων ὁ Κύπριος τετράκερων ἔλαφον εἶχε.

IV. Ἔν τινι νεῷ Διὸς τρίκερω καὶ τετράκερω πρόβατα ἦν.

V. Τὰ τῶν Ἑλλήνων πράγματα ἀξιόχρεω ἀφηγήσεώς εἰσιν.

VI. Οἱ Σκύθαι λέγουσι τὸν ἀέρα ἀνάπλεω πτερῶν εἶναι, διότι τὰ παρ' αὐτοῖς ἀεὶ νίφεται.

VII. Ἔστι περὶ Θύανα ὕδωρ τι ὅρκιον Διός. Παφλάζει δὲ ὥςπερ ὁ θερμαινόμενος λέβης. Εὐόρκοις μὲν τοῦτο τὸ ὕδωρ ἐστὶν ἵλεών τε καὶ ἡδύ· ἐπιόρκοις δὲ παρὰ πόδας ἡ δίκη· ἀποσκήπτει γὰρ τὸ ὕδωρ καὶ εἰς ὀφθαλμοὺς καὶ εἰς χεῖρας καὶ εἰς πόδας.

THÈMES SUR LES ADJECTIFS IMPARISYLLABIQUES.

(Méthode, §§ 33–37, et Supplément, § 178.)

THÈME 1.

I. Ἐγγὺς Ἰταλίας κεῖται ἡ Σικελία, νῆσος εὐδαίμων καὶ πολυάνθρωπος.

II. Βραχεῖα τέρψις ἡδονῆς κακῆς.

III. Βραχὺς ὁ βίος, ἡ δὲ τέχνη μακρά.

IV. Κέρδος αἰσχρὸν, βαρὺ κειμήλιον.

V. Τὸ μέλλον ἀσαφές.

VI. Τυραννὶς χρῆμα σφαλερὸν, πολλοὶ δὲ αὐτῆς ἐρασταί εἰσιν.

VII. Ταὐτόν ἐστιν ἐκ χρυσοῦ ποτηρίου φάρμακον θανάσιμον πιεῖν, καὶ παρὰ φίλου ἀγνώμονος συμβουλίαν λαμβάνειν.

VIII. Ὥςπερ οὐκ ἂν ἐβούλου ἐν νηῒ μεγάλῃ καὶ γλαφυρᾷ καὶ πολυχρύσῳ πλέων βαπτίζεσθαι, οὕτω μηδὲ ἐν οἰκίᾳ αἱροῦ ὑπερμεγέθει καὶ πολυτελεῖ καθήμενος χειμάζεσθαι.

THÈME 2.

I. Οἱ πλούσιοι πολλάκις ὑφ' ἡδονῆς διηνεκοῦς οὐ συνίενται τῆς εὐτυχίας.

II. Ἐπαμινώνδας πατρὸς ἦν ἀφανοῦς.

2.

III. Ὅμηρος τοῖς ἥρωσιν ἁπλῆν καὶ πᾶσιν ὁμοίαν δίαιταν ἀποδέδωκε.

IV. Διονύσιος ὁ τύραννος τὸ Ἀπόλλωνος ἄγαλμα περιεσύλησε, χρυσοῦς βοστρύχους ἔχον, καὶ τὴν παρακειμένην αὐτῷ χρυσῆν τράπεζαν ἀφεῖλε.

V. Σωκράτης ἰδὼν μειράκιον πλούσιον καὶ ἀπαίδευτον, « Ἰδοὺ, ἔφη, χρυσοῦν ἀνδράποδον. »

VI. Τὰ κεράμεια καὶ τὰ σιδηρᾶ κρείττω ἐστὶ τῶν ἀργυρῶν καὶ τῶν χρυσῶν, ὅτι τούτων εὐμαρεστέρα ἐστὶν ἡ κτῆσις.

VII. Ἡ γῆ σφαιροειδής ἐστι.

VIII. Δεῖ τοὺς μὲν εἶναι δυςτυχεῖς, τοὺς δ᾽ εὐτυχεῖς.

THÈME 3.

I. Τὰ ὄρη πόῤῥωθεν ἀεροειδῆ φαίνεται καὶ λεῖα, ἐγγύθεν δὲ τραχέα.

II. Οὐ κρεῖττον, πενιχρὸν μὲν, ἀσφαλῆ δὲ καὶ ἀδεᾶ βίον ἀσπάσασθαι, ἢ πλούσιον καὶ ἐπικίνδυνον.

III. Ἀριστοτέλης ἔφη τῆς παιδείας τὰς μὲν ῥίζας εἶναι πικρὰς, γλυκεῖς δὲ τοὺς καρπούς.

IV. Τρεῖς εἰσι δικασταὶ καθ᾽ ᾅδου, οἳ τοὺς εὐσεβεῖς καὶ πονηροὺς διακρίνουσιν.

V. Ἡδὺ κάλλος, ὅταν ἔχῃ νοῦν σώφρονα.

VI. Πενία ἀγνώμονας πολλοὺς ποιεῖ.

VII. Τὸ συνεχὲς ἔργον παντὸς εὑρίσκει τέλος.

VIII. Μακρὸς αἰὼν συμφορὰς πολλὰς ἔχει.

IX. Οὔτε μάχαιραν ἀμβλεῖαν, οὔτε παῤῥησίαν ἄτακτον ἔχειν δεῖ.

X. Ἔθιζε σεαυτὸν σύννουν εἶναι.

XI. Λόγον μὲν ἔχε χαρίεντα, νοῦν δὲ ἁπλοῦν.

XII. Ὁ κάστωρ ζῶόν ἐστι τετράπουν, γιγνόμενον ἐν ταῖς λίμναις.

THÈMES

SUR LES COMPARATIFS ET LES SUPERLATIFS.

(Méthode, §§ 39, 40; Supplément, § 195-197.)

THÈME 1.

I. Σοφία πλούτου κτῆμα τιμιώτερον.

II. Βίων ἔφη δεῖν τὸν ἀγαθὸν ἄρχοντα, παυόμενον τῆς ἀρχῆς, μὴ πλουσιώτερον, ἀλλ᾽ ἐνδοξότερον γεγονέναι.

III. Παρὰ Ταρτησσίοις νεωτέρῳ πρεσβυτέρου καταμαρτυρεῖν οὐκ ἔξεστιν.

IV. Οὐδὲν ὀργῆς ἀδικώτερον.

V. Ἀρετῆς οὐδὲν χρῆμα σεμνότερον, οὐδὲ βεβαιότερόν ἐστι.

VI. Δόξα ἀσθενὴς ἄγκυρα, πλοῦτος ἔτι ἀσθενεστέρα.

VII. Πόλεμος ἔνδοξος εἰρήνης αἰσχρᾶς αἱρετώτερος.

THÈME 2.

I. Κρείττους εἰσὶν αἱ τῶν πεπαιδευμένων ἐλπίδες, ἢ ὁ τῶν ἀμαθῶν πλοῦτος.

II. Τοῦ πλείονος βίου, φαυλοτέρου δὲ, τὸν ἐλάσσω, ἀμείνονα ὄντα, πάντη πάντως προαιροῦ.

III. Χαλεπὸν τὸ ποιεῖν, τὸ δὲ κελεῦσαι ῥᾴδιον.

IV. Οὐδὲν γλύκιον τῆς πατρίδος.

V. Οὐκ ἔστιν οὐδὲν μητρὸς ἥδιον τέκνοις.

VI. Χρὴ σιγᾶν, ἢ κρείσσονα σιγῆς λέγειν.

VII. Διὰ τοῦτο δύο ὦτα ἔχομεν, στόμα δὲ ἕν, ἵνα πλείω μὲν ἀκούωμεν, ἥττονα δὲ λέγωμεν.

VIII. Στέργε μὲν τὰ παρόντα, ζήτει δὲ τὰ βελτίω.

IX. Οἱ τῶν ἁγίων τελετῶν μετέχοντες περὶ τῆς τοῦ βίου τελευτῆς ἡδίους τὰς ἐλπίδας ἔχουσι.

THÈME 3.

I. Ὁ μέλας οἶνός ἐστι θρεπτικώτατος, ὁ δὲ λευκὸς, λεπτότατος.

II. Ἡ Βακτριανὴ χώρα εὐδαιμονεστάτη ἐστὶ καὶ εὐφορωτάτη.

III. Πρεσβύτατον τῶν ὄντων Θεὸς, ἀγέννητος γάρ · κάλλιστον κόσμος, ποίημα γὰρ Θεοῦ · μέγιστον τόπος, ἅπαντα γὰρ χωρεῖ · τάχιστον νοῦς, διὰ παντὸς γὰρ τρέχει · ἰσχυρότατον ἀνάγκη, κρατεῖ γὰρ πάντων · σοφώτατον χρόνος, ἀνευρίσκει γὰρ πάντα.

IV. Ὁ κροκόδειλος ἐξ ἐλαχίστου γίγνεται μέγιστος · τὸ μὲν γὰρ ᾠὸν οὐ μεῖζόν ἐστι χηνείου, αὐτὸς δὲ γίγνεται καὶ ἑπτακαιδεκάπηχυς.

V. Ὁ τῶν πλείστων βίος μελλησμῷ παραπόλλυται.

VI. Τὸ ἐπιτυγχάνειν ἥδιστον.

VII. Ὁ θάνατος κοινὸς καὶ τοῖς χειρίστοις καὶ τοῖς βελτίστοις, οὔτε τοὺς πονηροὺς ὑπερορᾷ, οὔτε τοὺς ἀγαθοὺς θαυμάζει.

THÈME 4.

I. Ἡ μέλιττα ἐν τοῖς ἄνθεσι δριμυτάτοις καὶ ταῖς ἀκάνθαις τραχυτάταις τὸ μέλι χρηστικώτατον καὶ λειότατον φυσικῶς ἐξανευρίσκει.

II. Ἡ φιλία ἥδιστόν ἐστι πάντων.

III. Ὅπου γέροντες ἀναισχύντατοί εἰσιν, ἐνταῦθα ἀνάγκη νέους ἀναιδεστάτους γίγνεσθαι.

IV. Οὐχ ὁ μήκιστος, ἀλλ᾽ ὁ σπουδαιότατος βίος ἄριστός ἐστιν.

V. Ὁ Φωκίωνος λόγος πλεῖστον νοῦν ἐν ἐλαχίστῃ λέξει εἶχε.

VI. Τὸ ἡττᾶσθαι αὐτὸν ὑφ᾽ ἑαυτοῦ πάντων αἴσχιστόν ἐστι.

VII. Πάντα ἃ ἐπίστανται ῥᾷστά τε καὶ τάχιστα καὶ κάλλιστα ποιοῦσι.

THÈMES SUR LES NOMS DE NOMBRE.

NOMBRES CARDINAUX.

(Méthode. §§ 41, 42.)

THÈME 1.

I. Ἀνάχαρσις κρεῖττον ἔλεγεν ἕνα φίλον ἔχειν πολλοῦ ἄξιον, ἢ πολλοὺς μηδενὸς ἀξίους.

II. Πολλὰ τῶν ζώων ἄναιμά ἐστι, καθόλου δὲ, ὅσα πλείους πόδας ἔχει τεττάρων.

III. Ἡ μυῖα ἑξάπους οὖσα, τοῖς μὲν τέσσαρσι βαδίζει μόνοις, τοῖς δὲ προσθίοις δυσὶ ὡς χερσὶ χρῆται.

IV. Πύρρος ἐν Ἰταλίᾳ ἐπολέμησεν ἔτη δύο καὶ μῆνας τέσσαρας.

V. Φιλήμων ὁ κωμικὸς ἔγραψε δράματα ἑπτὰ καὶ ἐνενήκοντα, βιοὺς ἔτη ἐννέα καὶ ἐνενήκοντα.

VI. Ἄννων, ὁ πρεσβύτερος, ἐκ τῆς Διβύης ἐπέρασε μεγάλην δύναμιν εἰς Σικελίαν, πεζῶν μυριάδας πέντε, ἱππεῖς δὲ ἑξακισχιλίους, ἐλέφαντας δὲ ἑξήκοντα.

VII. Τοὺς Σῆρας ἱστοροῦσι μέχρι τριακοσίων ζῆν ἐτῶν, καὶ τοὺς Χαλδαίους ὑπὲρ τὰ ἑκατὸν ἔτη βιοῦν λόγος.

THÈME 2.

I. Ἀργανθώνιος, ὁ Ταρτησσίων βασιλεὺς, πεντήκοντα καὶ ἑκατὸν ἔτη βιῶναι λέγεται.

II. Κτησίβιος συγγραφεὺς ἑκατὸν εἰκοσιτεσσάρων ἐτῶν ἐν περιπάτῳ ἐτελεύτησεν.

III. Ὁ Πλάτων ἐτελεύτησε τῷ πρώτῳ ἔτει τῆς ὀγδόης καὶ ἑκατοστῆς ὀλυμπιάδος, βιοὺς ἔτος ἓν πρὸς τοῖς ὀγδοήκοντα.

IV. Σιλουΐου ἑνὸς δέοντα τριάκοντα ἔτη κατασχόντος τὴν ἀρχὴν, Αἰνείας, υἱὸς αὐτοῦ, ἑνὶ πλείω τριάκοντα ἐτῶν ἐβασίλευσε · μετὰ δὲ τοῦτον, ἓν καὶ πεντήκοντα Λατῖνος ἦρξεν ἔτη. Ἄλβας δὲ μετὰ τοῦτον ἑνὸς δέοντα τετταράκοντα ἔτη ἐβασίλευσε · μετὰ δὲ Ἄλβαν, Κάπετος ἓξ ἐπὶ τοῖς εἴκοσιν · ἔπειτα Κάπυς, δυοῖν δέοντα τριάκοντα.

V. Οἱ Λακεδαιμόνιοι τοῖς Ἀθηναίοις βοηθήσοντες ἐν τρισὶν ἡμέραις καὶ τοσαύταις νυξὶ διακόσια καὶ χίλια στάδια διῆλθον.

THEME 3.

I. Ἡ τῆς Σικελίας περίμετρός ἐστιν ὡς τριακόσια καὶ ἑξήκοντα ἐπὶ τετρακιςχιλίοις σταδίοις.

II. Ἀριθμὸς συμπάσης τῆς ὁδοῦ τῆς ἀναβάσεως καὶ τῆς καταβάσεως ὑπὸ Ξενοφῶντος συγγραφείσης, διακόσιοι πεντεκαίδεκα σταθμοί, ἑκατὸν πεντήκοντα πέντε χίλιαι παράσαγγαι, καὶ τριςμύρια τετρακιςχίλια ἑξακόσια πεντήκοντα στάδια. Τὸ πλῆθος τοῦ χρόνου τῆς ἀναβάσεως καὶ τῆς καταβάσεως ἐνιαυτὸς καὶ τρεῖς μῆνες.

NOMBRES OU ADJECTIFS ORDINAUX.

(Méthode, § 43.)

THÈME.

I. Τὸ πρῶτον καὶ τὸ ἄριστον τῷ ἀνθρώπῳ ὑγιαίνειν ἐστί · τὸ δεύτερον ἔχειν καλὴν φυήν · τὸ τρίτον πλουτεῖν ἀδόλως · τὸ τέταρτον ἡβᾷν σὺν τοῖς φίλοις.

II. Περίανδρος Κορίνθιος, ὁ Κυψέλου, περὶ τὴν τριακοστὴν ὀγδόην ὀλυμπιάδα ἤκμαζε.

III. Ὁ Σωκράτης τὸν βίον ἐτελεύτησε πρώτῳ ἔτει τῆς ἐνενηκοστῆς πέμπτης ὀλυμπιάδος, γεγονὼς ἑβδομήκοντα ἔτη.

THÈMES

SUR LES ADJECTIFS INDICATIFS OU DÉMONSTRATIFS,
LES ADJECTIFS CONJONCTIFS ET POSSESSIFS ET LES PRONOMS.

(Méthode, §§ 44-54.)

THÈME 1.

I. Δημήτριός τις εἶπε τῷ Νέρωνι · « Σὺ μὲν ἀπειλεῖς ἐμοὶ τὸν θάνατον, σοὶ δὲ ἡ φύσις. »

II. Διδύμων ἀδελφῶν εἷς ἐτελεύτησε · σχολαστικὸς οὖν ἀπαντήσας τῷ ζῶντι, ἠρώτα · « Σὺ ἀπέθανες ἢ ὁ ἀδελφός σου; »

III. Ἡμέτερος Θεός ἐστιν ἐν πᾶσιν ἔργοις αὐτοῦ μέγιστος. Τίς ἐστι Θεὸς, πλὴν τοῦ Θεοῦ ἡμῶν;

IV. Ἡμᾶς ὥσπερ τέκνα στέργει ὁ Θεὸς, καὶ τέκνα ἐσμὲν ὄντως αὐτοῦ, ἀλλ' ἡμῶν κακίας μισεῖ.

V. Παῖς σοφὸς πατέρα καὶ μητέρα σεβίζει, καὶ αὐτῶν ἁμαρτήματα ὑπομένει.

THÈME 2.

I. Τί τοῦτ' ἔστιν, ὦ παῖ, ὅτι ἐμὲ ἀπολιπὼν, ἄστυδε θαμίζεις; οὐκ ἔστι τοῦτο σωφρονεῖν · οὐχ οὕτω δέ σε ὁ πατήρ σου ἐμοὶ εἰς παιδείαν παρέδωκε.

II. Σχολαστικὸς ἀπορῶν δαπανημάτων, τὰ βιβλία αὐτοῦ ἐπίπρασκε, καὶ γράφων πρὸς τὸν πατέρα ἔλεγε · « Σύγχαιρε ἡμῖν, πάτερ · ἤδη γὰρ ἡμᾶς τὰ βιβλία τρέφει. »

III. Ἐν Λάτμῳ τῆς Καρίας σκορπίοι εἶναι λέγονται, οἳ τοὺς μὲν πολίτας σφίσι παίουσιν εἰς θάνατον, τοὺς δὲ ξένους ἡσυχῆ.

IV. Κορῶναι ἀλλήλαις εἰσὶ πιστόταται καὶ πάνυ σφόδρα ἀγαπῶσι σφᾶς.

V. Ὁ φίλος ἐστὶν ἕτερος ἐγώ · — μέθετέ με, ὦ φροντίδες · μηδὲν ἐμοὶ καὶ ὑμῖν ἔστω. — Οὐδεὶς ἡμῶν τὴν αὔριον ἡμέραν οἶδε.

VI. Οὐδὲν ἡμέτερόν ἐστιν οὕτως ὡς ἡμεῖς ἡμῶν αὐτῶν. — Οἱ φιλοσοφοῦντες μανθάνουσι ἑαυτοῖς ξυνεῖναι.

THÈME 3.

I. Ἀνάχαρσις ὁ Σκύθης ἐρωτηθεὶς ὑπό τινος · « Τί ἐστι πολέμιον ἀνθρώποις; — Αὐτοὶ, ἔφη, ἑαυτοῖς. »

II. Ὁ Ζεὺς τὴν Ἀθηνᾶν ἔφυσεν ἐκ τῆς ἑαυτοῦ κεφαλῆς.

III. Οὐδεὶς ἐλεύθερος ἑαυτοῦ μὴ κρατῶν.

IV. Νόμος οὗτος Περσικός · ὅταν εἰς ἀγροὺς ἐλαύνῃ ὁ βασιλεύς, πάντες Πέρσαι, κατὰ τὴν ἑαυτοῦ δύναμιν ἕκαστος, δῶρα αὐτῷ προςκομίζουσι.

V. Σχολαστικὸς οἰκίαν πωλῶν, λίθον ἀπ' αὐτῆς εἰς δεῖγμα περιέφερε.

VI. Ἀριστοτέλης λέγει τὸν κεντρέα, ὅταν φοβηθῇ, τὴν κεφαλὴν κρύπτειν, ὡς ὅλον τὸ σῶμα κρύπτοντα.

VII. Ἡ ἔχιδνα δὶς οὐ κυΐσκεται · τὰ γὰρ ἔμβρυα τὴν αὐτῆς κοιλίαν ἐσθίει.

VIII. Κριτὴς ὢν, ἀεὶ ταὐτὰ περὶ τῶν αὐτῶν γίγνωσκε, οὐδὲν πρὸς χάριν ποιῶν.

IX. Ψυχῆς ἐπιμελοῦ τῆς σεαυτοῦ.

X. Βούλου ἀρέσκειν πᾶσι, μὴ σαυτῷ μόνον.

XI. Πάντων μάλιστα σαυτὸν αἰσχύνου.

THÈME 4.

I. Εἰς ἀρχὴν κατασταθεὶς, μηδενὶ χρῶ πρὸς τὴν διοίκησιν πονηρῷ.

II. Ποῖον κτῆμα οὕτω πάγχρηστον ὥσπερ φίλος;

III. Ἀντισθένης ἐρωτηθεὶς ὑπό τινος τί αὐτῷ ἐκ τῆς φιλοσοφίας γέγονε · « Τὸ δύνασθαι, ἔφη, ἑαυτῷ ὁμιλεῖν. »

IV. Οὐ ῥᾴδιον τίνων γονέων ἢ ποίας πατρίδος Ὅμηρος ἐγένετο ἀποφαίνεσθαι.

THÈME 5.

I. Ἀριστοτέλης φησὶν ἐν Φρυγίᾳ βοῦς εἶναι, οἳ τὰ κέρα κινοῦσι.

II. Πολλοὶ ἄνθρωποι πᾶσαν σπουδὴν περὶ τὴν χρημάτων κτῆσιν ποιοῦνται, μικρὰ δὲ φροντίζουσιν υἱέων οἷς ταῦτα καταλείψουσι.

III. Τὰς Συρακούσας Ἀρχίας ἔκτισε περὶ τοὺς αὐτοὺς χρόνουςοἷς ἡ Νάξος καὶ τὰ Μέγαρα ᾠκίσθησαν.

IV. Ὅςτις δὶς ναυαγήσει μάτην Ποσειδῶνος μέμφεται.

V. Οὐδεὶς ἐλεύθερός ἐστιν ὅςτις μὴ σεαυτοῦ κρατεῖ.

VI. Οἱ υἱεῖς παῖδες ὄντες Πύῤῥον τὸν Ἠπειρώτην ἠρώτων τίνι τὴν βασιλείαν καταλείψει· καὶ ὁ Πύῤῥος εἶπεν· « Ὑμῶν ὃς ἂν ἔχῃ τὴν ὀξυτάτην μάχαιραν. »

VII. Ἀριστοτέλης λέγει πάντα τὰ χερσαῖα ἀναπνεῖν ἅτινα πνεύματος ἔχουσι, σφῆκας δὲ καὶ μελίσσας οὐκ ἀναπνεῖν.

VIII. Ἐν Σάρδεσι οἰκίαι αἱ μὲν πλείους καλάμιναι ἦσαν, ὅσαι δὲ καὶ πλίνθιναι ἦσαν, ὀροφὰς καλάμου εἶχον.

IX. Ὅσα μὲν τυγχάνει ὄντα χρήσιμα, ταῦτ᾽ εἰσὶ χρήματα· ὅσα δὲ ἀχρεῖα, ταῦτ᾽ οὐ χρήματα.

X. Ταῦτα ξύμπαντα ὅσα οἱ Ἕλληνες πρὸς ἀλλήλους καὶ τὸν βάρβαρον ἔπραξαν ἐν πεντήκοντα ἔτεσι μεταξὺ τῆς ἀναχωρήσεως τῆς τοῦ Ξέρξου καὶ τῆς ἀρχῆς τοῦ Πελοποννησιακοῦ πολέμου μάλιστα ἐγένετο.

VERBES.

THÈMES SUR LES VERBES EN Ω.

VOIX ACTIVE.
(Méthode, §§ 88, 89, 91, 93.)

THÈME 1.

I. Ὁ φθονέων ἑαυτὸν ὡς ἐχθρὸν λυπεῖ.

II. Ἀγαθοῖς ὁμίλει.

III. Θάρσος σὺν λόγῳ αἴνει, τὸ δὲ μετὰ ἀλογίας ὂν ἀποστύγει.

IV. Πολλοὶ δοκοῦντες ἑαυτοὺς φιλεῖν, οὐκ ἀληθῶς φιλοῦσιν.

V. Μηδενὶ φθόνει.

VI. Νόει, καὶ τότε πράττε.

THÈME 2.

I. Ἡ Φωκίωνος γυνὴ ἐρωτηθεῖσα διὰ τί μόνη τῶν ἄλλων οὐ φορεῖ χρυσοῦν κόσμον, ἔφη · « Ὅτι αὐτάρκης κόσμος μοί ἐστιν ἡ τοῦ ἀνδρὸς ἀρετή. »

II. Ἡ συνήθεια κόρον γεννᾷ · οἰκοῦντες γῆν, ζητοῦμεν θάλασσαν, καὶ πλέοντες πάλιν περισκοποῦμεν τὸν ἀγρόν.

III.   Ὁ οἶνος

Τὸν ταπεινὸν μέγα φρονεῖν ποιεῖ,

Τὸν τὰς ὀφρῦς αἴροντα συμπείθει γελᾶν,

Τὸν δ᾽ ἀσθενῆ τολμᾶν τι, τὸν δειλὸν θρασεῖν.

THÈME 3.

I. Οἱ πλεονεκτοῦντες πολεμοῦσιν ἀεὶ, τὸ ἐπιβουλεύειν καὶ φθονεῖν ἔμφυτον ἔχοντες.

II. Καυσιανοὶ τοὺς μὲν γενναμένους θρηνοῦσι, τοὺς δὲ τελευτήσαντας μακαρίζουσι.

III.   Οἴνου [γὰρ] εὕροις ἄν τι πρακτικώτερον;
        Ὁρᾷς; ὅταν πίνωσιν ἄνθρωποι, τότε
        Πλουτοῦσι, διαπράττουσι, νικῶσιν δίκας,
        Εὐδαιμονοῦσιν, ὠφελοῦσι τοὺς φίλους.

IV. Αἰσχύλος, ὡς λέγουσι, τὰς τραγῳδίας μεθύων ἐποίει.

V. Ὀρφεὺς ᾄδων ἐκίνει λίθους τε καὶ δένδρα.

VI. Οἱ Σαρδῷοι τοὺς ἤδη γεγηρακότας τῶν πατέρων ῥοπάλοις ἀνήρουν.

VII. Οἱ ἄνθρωποι τὸ παλαιὸν ἐν ἄντροις ᾤκουν.

VIII. Τὴν Σικελίαν τὸ παλαιὸν ταμεῖον τῆς Ῥώμης ἐκάλουν οἱ Ῥωμαῖοι.

THÈME 4.

I. Ὁ μηδὲν ἀδικῶν οὐδενὸς δεῖται νόμου.

II. Κυβερνήτου νοσοῦντος, ὅλον συμπάσχει τὸ σκάφος.

III. Σχολαστικὸς ναυαγεῖν μέλλων πινακίδας ᾔτει, ἵνα διαθήκας γράφῃ· τοὺς δὲ οἰκέτας ὁρῶν ἀλγοῦντας διὰ τοῦ κινδύνου, ἔφη· « Μὴ λυπεῖσθε· ἐλευθερῶ γὰρ ὑμᾶς. »

IV. Οὐ μόνος ὁ Πλοῦτος τυφλὸς, ἀλλὰ καὶ ἡ ὁδηγοῦσα αὐτὸν Τύχη.

V. Τὴν Ἀχιλλέως ἀσπίδα Ὅμηρος ἐποίησε φέρουσαν ὅλον τὸν οὐρανὸν, καὶ γεωργοῦντας, καὶ γαμοῦντας, καὶ δικαζομένους καὶ πολεμοῦντας.

THÈME 5.

I. Ὁ Θαλῆς λέγεται πρῶτος ἀστρολογῆσαι.

II. Ἐν Μακεδονίᾳ οὐκ ἔθος ἦν κατακλίνεσθαί τινα ἐν δείπνῳ,

εἰ μή τις ἔξω λίνων ὗν ἄγριον κεντήσειεν· ἕως δὲ τότε, καθήμενοι ἐδείπνουν. Κάσανδρος οὖν, πέντε καὶ τριάκοντα ὢν ἐτῶν, ἐδείπνει παρὰ τῷ πατρὶ καθήμενος, οὐ δυνάμενος τὸ ἆθλον ἐκτελέσαι, καίπερ ἀνδρεῖος γεγονὼς, καὶ κυνηγὸς ἀγαθός.

III. Ἐπίκουρος ἐρωτηθεὶς πῶς ἄν τις πλουτήσειεν, « Οὐ τοῖς οὖσι προςτιθεὶς, ἔφη, τῆς δὲ χρείας τὰ πολλὰ περιτέμνων. »

IV. Σχολαστικὸς ἰατρῷ συναντήσας, « Συγχώρησόν μοι, εἶπε, καὶ μή μοι μέμψῃ, ὅτι οὐκ ἐνόσησα. »

V. Μηδέποτε φρονήσῃς ἐπὶ σεαυτῷ μέγα, ἀλλὰ μηδὲ καταφρονήσῃς σεαυτοῦ.

VI. Πλάτων τὴν φιλοσοφίαν θανάτου μελέτην ἐκάλεσε.

THÈME 6.

I. Ὦ παῖ, σιώπα· πόλλ' ἔχει σιγὴ καλά.

II. Μὴ κακοῖς ὁμίλει· θεοὺς τίμα· τὰ σπουδαῖα μελέτα.

III. Γελᾷ δ' ὁ μωρὸς, κἄν τι μὴ γελοῖον ᾖ.

IV. Ὁ Σαλμωνεὺς ἀντιβροντᾶν ἐτόλμα τῷ Διΐ.

V. Νικίας οὕτως ἦν φιλόπονος, ὥστε πολλάκις ἐρωτᾶν τοὺς οἰκέτας, εἰ ἠρίστηκεν.

VI. Ἀναξαγόρας πρὸς τὸν δυςφοροῦντα, ὅτι ἐπὶ ξένης τελευτᾷ, « Πανταχόθεν, ἔφη, ὁμοία ἐστὶν ἡ εἰς ᾅδου κατάβασις. »

THÈME 7.

I. Οἱ πολύποδες ἐλλοχῶσι τοὺς ἰχθῦς τὸν τρόπον τοῦτον· ὑπὸ ταῖς πέτραις κάθηνται, καὶ ἑαυτοὺς εἰς τὴν ἐκείνων μεταμορφοῦσι χροιὰν, καὶ πέτραι εἶναι δοκοῦσιν. Οἱ τοίνυν ἰχθῦς προςνέουσιν, οἱ δὲ πολύποδες αὐτοὺς ἀφυλάκτους ὄντας περιβάλλουσι ταῖς ἑαυτῶν πλεκτάναις.

II. Ἵππειον Ποσειδῶνα τιμῶσιν Ἕλληνες, καὶ θύουσιν αὐτῷ ἐπὶ Ἰσθμῷ.

III. Οἱ Κόλχοι τοὺς νεκροὺς ἐν βύρσαις θάπτουσι, καὶ ἐκ τῶν δένδρων ἐξαρτῶσι.

IV. Ἀναξαγόραν τὸν Κλαζομένιον φασι μὴ γελῶντά ποτε ὀφθῆναι, μήτε μειδιῶντα.

V. Διογένης ἰδών ποτε μειράκιον ἐρυθριῶν, « Θάρρει, ἔφη, τοιοῦτόν ἐστι τῆς ἀρετῆς τὸ χρῶμα. »

VI. Οἱ ἄνθρωποι οὐδὲ τὸν ἀέρα τοῖς ὄρνισιν εἴων ἐλεύθερον.

THÈME 8.

I. Ὀδυσσεὺς τὸν Κύκλωπα μεθύσαντα ἐξετύφλωσε.

II. Ὅμηρος τὸν οἶνον ἀπογυιοῦν λέγει.

III. Βέβαιον οὐδέν ἐστιν ἐν θνητῶν βίῳ· βιοῖ γὰρ οὐδεὶς ὃν προαιρεῖται τρόπον.

IV. Λακεδαιμόνιοι ἐμελέτων ἐκ παίδων εὐθὺς βραχυλογεῖν.

V. Ἐτυράννησε τῶν Ῥηγίνων Ἀναξίλας Μεσσήνιος, καὶ νικήσας Ὀλύμπια ἡμιόνοις, εἱστίασε τοὺς Ἕλληνας. Καί τις αὐτὸν ἐπέσκωψεν εἰπών· « Οὗτος τί ἂν ἐποίει νικήσας ἵπποις; »

VOIX PASSIVE.

(Méthode, §§ 90, 92, 94.)

THÈME 1.

I. Οἱ μὴ κολάζοντες τοὺς κακοὺς βούλονται ἀδικεῖσθαι τοὺς ἀγαθούς.

II. Οἱ καλῶς ἀγωνισάμενοι τῶν Λακεδαιμονίων καὶ ἀποθανόντες θαλλοῖς ἀνεδοῦντο.

III. Κόλαζε τὰ πάθη, ἵνα μὴ ὑπ' αὐτῶν τιμωρῇ.

IV. Κλεάνθης διεβοήθη ἐπὶ φιλοπονίᾳ· πένης γὰρ ὢν, νύκτωρ μὲν ἐν τοῖς κήποις ἤντλει, μεθ' ἡμέραν δὲ ἐν τοῖς λόγοις ἐγυμνάζετο.

V. Ὅταν αἱ μέλισσαι σκιρτήσωσιν ἢ πλανηθῶσιν, οἱ σμηνουργοὶ κροτοῦσι κρότον τινὰ ἐμμελῆ, οὗ ἀκούουσαι αἱ μέλισσαι ὑποστρέφουσιν.

THÈME 2.

I. Ἀγάθων ἔφη τὸν ἄρχοντα τριῶν δεῖν μεμνῆσθαι · πρῶτον μὲν, ὅτι ἀνθρώπων ἄρχει · δεύτερον, ὅτι κατὰ νόμους ἄρχει· τρίτον, ὅτι οὐκ ἀεὶ ἄρχει.

II. Παρ' Ἰνδοῖς ὁ τεχνίτου πηρώσας χεῖρα ἢ ὀφθαλμὸν, θανάτῳ ζημιοῦται.

III. Φινεὺς ὁ μάντις τὰς ὄψεις πεπηρωμένος ἦν · πηρωθῆναι δέ φασιν αὐτὸν ὑπὸ Θεῶν, ὅτι προύλεγε τοῖς ἀνθρώποις τὰ μέλλοντα.

IV. Πλάτων πρός τινα τῶν παίδων, « Μεμαστίγωσο ἂν, ἔφη, εἰ μὴ ὠργιζόμην. »

VOIX MOYENNE.

(Méthode, §§ 90, 92, 94.)

THÈME 1.

I. Παρὰ Ἀντιόχῳ τῷ Μεγάλῳ προςαγορευθέντι, ἐν τῷ δείπνῳ, πρὸς ὅπλα ὠρχοῦντο οὐ μόνον οἱ βασιλέως φίλοι, ἀλλὰ καὶ αὐτὸς ὁ βασιλεύς.

II. Οἱ Ταραντῖνοι ἐβουλεύοντο ποιεῖσθαι Πύρρον ἡγεμόνα, καὶ καλεῖν ἐπὶ τὸν πόλεμον.

III. Ἐμπεδοκλῆς τὴν βασιλείαν αὐτῷ διδομένην παρῃτήσατο, τὴν λιτότητα δηλονότι πλέον ἀγαπήσας.

IV. Φίλους μὴ ταχὺ κτῶ.

V. Λάμπις, ὁ ναύκληρος, ἐρωτηθεὶς πῶς ἐκτήσατο τὸν πλοῦτον, « Οὐ χαλεπῶς, ἔφη, τὸν μέγαν, τὸν δὲ βραχὺν ἐπιπόνως. »

VI. Οὕτω πειρῶ ζῆν, ὡς καὶ ὀλίγον καὶ πολὺν χρόνον βιωσόμενος.

VII. Ἡδέως μὲν ἔχε πρὸς ἅπαντας, χρῶ δὲ τοῖς βελτίστοις.

VIII. Εἰ σὺ ἐθεάσω ἅπερ ἐγὼ, εὖ οἶδα ὅτι οὐκ ἂν ἐπαύσω γελῶν.

IX. Πάντων ἐστὶν ἥδιστον καὶ λυσιτελέστατον, πιστοὺς ἅμα καὶ χρησίμους φίλους κτᾶσθαι ταῖς εὐεργεσίαις.

THÈMES SUR LES VERBES

EN Ω PRÉCÉDÉ D'UNE CONSONNE.

(Méthode, § 98-125.)

VOIX ACTIVE.

THÈME 1

I. Οἱ πονηροὶ εἰς τὸ κέρδος μόνον ἀποβλέπουσιν.

II. Ὅςτις μὴ κολάζει τὰ πάθη, αὐτὸς ὑπ' αὐτῶν κολάζεται.

III. Πᾶσα δύναμις καὶ πᾶς πλοῦτος ὑπείκει τῇ ἀρετῇ.

IV. Ὅταν τινὰ θέλωσιν οἱ θεοὶ σώζεσθαι, καὶ ἐξ αὐτῶν ἀνα-
σπῶσι βαράθρων.

V. Κακὸν φέρουσι καρπὸν οἱ κακοὶ φίλοι.

VI. Οὐδὲν τῆς εὐμορφίας ὄφελος, ὅταν τις μὴ φρένας ἔχῃ.

VII. Εὖ θνήσκοις, ὅταν σοι τὸ χρεὼν ἔλθῃ !

THÈME 2.

I. Τήρης, ὁ βασιλεὺς, ἔλεγεν, ὁπότε σχολάζοι καὶ μὴ στρα-
τεύοιτο, τῶν ἱπποκόμων οἴεσθαι μηδὲν διαφέρειν.

II. Ἀγησίλαος, ἐρωτηθεὶς πῶς ἄν τις μάλιστα παρ' ἀνθρώποις
εὐδοκιμοίη, « Εἰ λέγοι, εἶπε, τὰ ἄριστα, πράττοι δὲ τὰ κάλλιστα. »

III. Ἄγις, ἐρωτηθεὶς πῶς ἄν τις ἐλεύθερος διαμένοι, « Θανάτου
καταφρονῶν, » ἔφη.

IV. Θάπτουσιν οἱ Αἰγύπτιοι τοὺς νεκροὺς ταριχεύοντες, Ῥωμαῖοι
δὲ καίοντες.

V. Πολλάκις ἄνθρωποι τὸν θάνατον φεύγοντες, διώκουσι.

VI. Φίλιππος τοὺς Ἀθηναίους εἴκαζε τοῖς Ἑρμαῖς, στόμα μόνον
ἔχουσι.

THÈME 3.

I. Διονύσιος ὁ Σικελὸς περὶ τὴν ἰατρικὴν ἐσπούδασε, καὶ αὐτὸς ἰᾶτο, καὶ ἔτεμνε, καὶ ἔκαιε, καὶ τὰ λοιπά.

II. Θεμιστοκλῆς καὶ Ἀριστείδης ἐστασιαζέτην ἔτι παῖδε ὄντε.

III. Θησεὺς τὴν Ἀριάδνην ἐν Νάξῳ κατέλιπε καὶ ἐξέπλευσε· Διόνυσος δὲ αὐτὴν ἀπήγαγεν.

IV. Ἡ γλῶσσα πολλοὺς εἰς ὄλεθρον ἤγαγεν.

V. Ἐπρώτευσεν ἡ Λακεδαίμων τῆς Ἑλλάδος εὐνομίᾳ καὶ δόξῃ χρόνον ἐτῶν πεντακοσίων, τοῖς Λυκούργου χρωμένη νόμοις.

THÈME 4.

I. Ὁ Διογένης ἔλεγεν, « ὅτι οἱ μὲν ἄλλοι κύνες τοὺς ἐχθροὺς δάκνουσιν, ἐγὼ δὲ τοὺς φίλους, ἵνα σώσω. »

II. Μηδενὶ συμφορὰν ὀνειδίσῃς· κοινὴ γὰρ ἡ τύχη, καὶ τὸ μέλλον ἀόρατον.

III. Κἂν μόνος ᾖς, φαῦλον μήτε λέξῃς, μήτε ἐργάσῃ μηδέν.

IV. Αἰδοῦς παρὰ πᾶσιν ἄξιος ἔσῃ, ἐὰν πρῶτον ἄρξῃς σαυτὸν αἰδεῖσθαι.

THÈME 5.

I. Ἀδύνατον ἄνευ τῆς τῶν οὐρανίων θεωρίας γεωγραφῆσαι.

II. Διογένης, λύχνον μεθ' ἡμέραν ἅψας, « Ἄνθρωπον, φησί, ζητῶ. »

III. Οἱ Λάκωνες τὴν τῆς παλαιᾶς διαίτης σκληρότητα καταλύσαντες, ἐξώκειλαν εἰς τρυφήν.

IV. Ὁ Θησεὺς μετὰ τὴν Αἰγέως τελευτὴν συνοικίσας τοὺς τὴν Ἀττικὴν κατοικοῦντας εἰς ἓν ἄστυ, ἕνα δῆμον ἀπέφηνεν.

V. Εἶπε πρὸς Σαμψὼν Δαλιλά· « Πῶς λέγεις ὅτι ἀγαπᾷς με; οὐκ ἀπήγγειλάς μοι ἐν τίνι ἡ ἰσχύς σου ἡ μεγάλη. » Καὶ ἐξέθλιψεν αὐτὸν ἐν λόγοις αὐτῆς πάσας τὰς ἡμέρας. Τὸ δὲ τέλος ἤνοιξέν αὐτῇ πᾶσαν τὴν καρδίαν αὐτοῦ, καὶ ἀνήγγειλεν αὐτῇ τὴν ἀλήθειαν.

THÈME 6.

I. Τὸ καλῶς ἀποθανεῖν ἴδιον τοῖς ἀγαθοῖς ἡ φύσις ἀπένειμεν.

II. Οὐπώποτε ἐγὼ κατὰ τὴν Ἀττικὴν ὑπέμεινα τοσοῦτον χειμῶνα.

III. Ἐξ οὗ φιλοσοφεῖν ἐπενόησας, σεμνός τις ἐγένου, καὶ τὰς ὀφρῦς ὑπὲρ τοὺς κροτάφους ἐπῆρας.

IV. Ἄρτι μοι τὴν ἅλω διακαθήραντι ὁ δεσπότης ἐπέστη, καὶ ἐπῄνει τὴν ἐμοῦ φιλεργίαν.

V. Κάδμος ἀποκτείνει δράκοντα, τῆς Ἀρείας κρήνης φύλακα, καὶ τοὺς ὀδόντας αὐτοῦ σπείρει· τούτων δὲ σπαρέντων, ἀνέτειλαν ἐκ γῆς ἄνδρες ἔνοπλοι.

VI. Ἀφροσύνης ἐστὶ τὸ κρῖναι κακῶς τὰ πράγματα.

VII. Οὔτε πῦρ ἱματίῳ περιστεῖλαι δυνατόν, οὔτε αἰσχρὸν ἁμάρτημα χρόνῳ.

THÈME 7.

I. Σχολαστικός, μαθὼν ὅτι ὁ κόραξ ὑπὲρ τὰ διακόσια ἔτη ζῇ, ἀγοράσας κόρακα εἰς ἀπόπειραν ἔτρεφε.

II. Φιλεῖ τῷ κάμνοντι συγκάμνειν Θεός.

III. Οὐκ ἂν δύναιο μὴ καμὼν εὐδαιμονεῖν.

IV. Ὁ Ἡρακλῆς τὸ ῥόπαλον, ὃ ἐφόρει, αὐτὸς ἔτεμεν ἐκ Νεμέας.

V. Δημοσθένους εἰπόντος πρὸς τὸν Φωκίωνα, « Ἀποκτενοῦσί σε Ἀθηναῖοι, ἐὰν μανῶσι· — Ναί, εἶπεν, ἐμὲ μέν, ἐὰν μανῶσι, σὲ δέ, ἐὰν σωφρονῶσι. »

VI. Πελίαν, τὸν Ποσειδῶνος καὶ Τυροῦς, ἵππος ἔθρεψε.

THÈME 8.

I. Πλάτων, λοιδορούμενος ὑπό τινος, « Λέγε, ἔφη, κακῶς, ἐπεὶ καλῶς οὐ μεμάθηκας. »

II. Ὁ καλὸς καὶ ἀγαθὸς ἀνὴρ τὴν ἑαυτοῦ γνώμην ὑποτέταχε τῷ

διοικοῦντι τὰ ὅλα, καθάπερ οἱ ἀγαθοὶ πολῖται τῷ νόμῳ τῆς πόλεως.

III. Τὸν εὐτυχοῦντα χρὴ σοφὸν πεφυκέναι.

IV. Βίων ὁ σοφιστὴς, ἰδὼν φθονερὸν σφόδρα κεκυφότα, εἶπεν· « Ἢ τούτῳ μέγα κακὸν συμβέβηκεν, ἢ ἄλλῳ μέγα ἀγαθόν. »

V. Οἱ πρὸς τὴν δόξαν κεχηνότες σπανίως ἔνδοξοι γίγνονται.

VI. Εἰρήκασί τινες τὸν ἥλιον λίθον εἶναι καὶ μύδρον διάπυρον.

VII. Δαίδαλος, ἀρχιτέκτων ὤν, ἐν Κρήτῃ κατεσκεύασε Λαβύρινθον, πεφευγὼς ἐξ Ἀθηνῶν ἐπὶ φόνῳ.

VIII. Σχολαστικὸς κατ᾽ ὄναρ δοκῶν ἧλον πεπατηκέναι, τὸν πόδα ὕπαρ περιεδήσατο· ἕτερος δὲ, μαθὼν τὴν αἰτίαν, ἔφη· « Διὰ τί γὰρ ἀνυπόδητος καθεύδεις; »

THÈME 9.

I. Ἀταλάντη ἐπεφύκει ὠκίστη τοὺς πόδας.

II. Ἐπέπνεον οἱ ἄνεμοι, καὶ ἐπεφρίκει ὁ πόντος, καὶ ὁ ἀφρὸς τοῦ ὕδατος ἐξηνθήκει.

III. Δημοσθένης πρὸς κλέπτην εἰπόντα, « Οὐκ ᾔδειν ὅτι σόν ἐστιν, — Ὅτι δὲ, ἔφη, σὸν οὐκ ἔστιν ᾔδεις. »

IV. Τῆς τῶν παίδων τελευτῆς προςαγγελθείσης Ἀναξαγόρᾳ, εἶπεν· « Ἤδειν αὐτοὺς θνητοὺς γεννήσας. »

V. Ὁ χρήσιμ᾽ εἰδὼς, οὐχ ὁ πόλλ᾽ εἰδὼς σοφός.

VOIX PASSIVE.

THÈME 1.

I. Ἐπὶ τῆς κολακείας, ὡς ἐπὶ μνήματος, αὐτὸ μόνον τὸ ὄνομα τῆς φιλίας ἐπιγέγραπται.

II. Ὑπὸ τοῦ πλήθους τῶν παρόντων ἐν τῇ ἐκκλησίᾳ διατετάραγμαι τὴν γνώμην, καὶ ὑπότρομός εἰμι, καὶ ἡ γλῶττά μοι πεπε δημένη ἔοικε, καὶ ἐπιλέλησμαι τὸ προοίμιον τῶν λόγων, ὃ παρεσκευασάμην.

III. Εἰ τοῖς ἐν οἴκῳ χρήμασιν λελείμμεθα,
Ἡ δ' εὐγένεια καὶ τὸ γενναῖον μένει.

THÈME 2.

I. Οὐδεμία ἔτι τῶν πόλεων ἀκέραιός ἐστιν, ἥτις οὐχ ὁμόρους ἔχει τοὺς κακῶς ποιήσοντας, ὡς τετμῆσθαι μὲν τὰς χώρας, πεπορθῆσθαι δὲ τὰς πόλεις, ἀναστάτους δὲ γεγενῆσθαι τοὺς οἴκους τοὺς ἰδίους, ἀνεστράφθαι δὲ τὰς πολιτείας, καὶ καταλελύσθαι τοὺς νόμους.

II. Ἄνθρωπος ὤν, μέμνησο τῆς κοινῆς τύχης.

III. Μέμνησό ὅτι θνητὸς εἶς.

IV. Εὐριπίδης ἐν Μακεδονίᾳ τέθαπται.

THEME 3.

I. Ὁ Σαρδανάπαλος ἐκεῖνος, ὁ τὸ σῶμα ἐντετριμμένος, καὶ τὴν χαίτην διαπεπλεγμένος, καὶ ἐν πορφυρίσι κατορωρυγμένος, καὶ ἐν βασιλείοις κατακεκλεισμένος, οὐδὲν ἄλλο ἐδίωκεν ἢ ἡδονήν. Ὁ δ' ἐξώλης κακὸς κακῶς ἀπώλετο.

II. Οἱ Πυθαγόρικοι ἔλεγον ἐνδεδέσθαι τῷ σώματι τὰς ἀνθρώπων ψυχὰς τιμωρίας χάριν.

III. Τυφῶν, Γῆς υἱὸς καὶ Ταρτάρου, μεμιγμένην εἶχε φύσιν ἀνδρὸς καὶ θηρίου.

THÈME 4.

I. Τοῦ μὲν ἀνθρώπου ἡ καρδία τῷ μαζῷ τῷ λαιῷ προςήρτηται, τοῖς δὲ ἄλλοις ζώοις ἐν μέσῳ τῷ στήθει προςπέπλασται.

II. Ῥωμαίων αἱ πολλαὶ γυναῖκες τὰ αὐτὰ ὑποδήματα φορεῖν τοῖς ἀνδράσιν εἰθισμέναι εἰσίν.

III. Ἀρχιμήδην τῇ σανίδι προςκείμενον ἀποσπῶντες βίᾳ οἱ θεράποντες ἤλειφον· ὁ δὲ ἐπὶ τοῦ σώματος ἀληλιμμένου διέγραφε τὰ σχήματα.

IV. Ἀρίστιππος, ἐρωτηθεὶς τίνι διαφέρουσιν οἱ πεπαιδευμένοι τῶν ἀπαιδεύτων, ἔφη · « Ὥπερ οἱ δεδαμασμένοι ἵπποι τῶν ἀδαμάστων. »

V. Οἱ περὶ τὸν Θεμιστοκλέα Ἕλληνες διεσπαρμένοις τοῖς Πέρσαις συνεπλέκοντο.

VI. Τὸ εἱμαρμένον διαφυγεῖν ἀδύνατον. Ζήνων γοῦν δοῦλον ἐμαστίγου ἐπὶ κλοπῇ· τοῦ δὲ εἰπόντος · « Εἵμαρτό μοι κλέψαι· — Καὶ δαρῆναι, » Ζήνων ἔφη.

VII. Ἐν τοῖς Δράκοντος νόμοις μία ἅπασιν ὥριστο τοῖς ἁμαρτάνουσι ζημία, θάνατος.

VIII. Οἱ Γίγαντες ἠκόντιζον εἰς οὐρανὸν πέτρας καὶ δρῦς ἡμμένας.

THÈME 5.

I. Πυθαγόρας πρῶτον ἑαυτὸν φιλόσοφον ὠνόμασεν· οἱ δὲ παλαίτεροι σοφοὶ ὠνομάσθησαν.

II. Πυθαγόρας τῆς αὐτῆς ἡμέρας καὶ κατὰ τὴν αὐτὴν ὥραν ὤφθη ἐν Μεταποντίῳ καὶ ἐν Κρότωνι.

III. Οἱ εὐεργέται τῶν ἀνθρώπων ἀθανάτων τιμῶν ἠξιώθησαν.

IV. Ἦν Ἀθηναίοις ποτὲ πάτριον ἡγεῖσθαι τῆς Ἑλλάδος, καὶ τοῖς τυράννοις ὑπὲρ τῆς ἐλευθερίας ἀνταγωνίζεσθαι. Οὗτος ὁ νόμος ἤρξατο μὲν ἀπὸ Μιλτιάδου, ἤκμασε δὲ ἐπὶ Θεμιστοκλέους, κατέβη δὲ εἰς Κίμωνα, ἐφυλάχθη δὲ ὑπὸ Περικλέους, καὶ ἐθαυμάσθη ὑπὸ Ἀλκιβιάδου.

V. Πτολεμαῖος, ὁ Μακεδονίας βασιλεὺς, ὑπὸ Γαλατῶν ἐσφάγη, καὶ πᾶσα ἡ Μακεδονικὴ δύναμις κατεκόπη καὶ διεφθάρη.

VI. Δοῦρις ὁ Σάμιός φησι Πολυσπέρχοντα, τὸν Μακεδόνων στρατηγὸν, εἰ μεθυσθείη, καίτοι πρεσβύτερον ὄντα, ἐν δείπνῳ ὀρχεῖσθαι.

VII. Αἱ τιθῆναι ἐμπτύουσι τοῖς παιδίοις, ὡς μὴ βασκανθῶσιν.

THÈME 6.

I. Νέος ὢν ὁ Πλάτων οὕτως ἦν αἰδήμων καὶ κόσμιος, ὥςτε μηδέποτε ὀφθῆναι γελῶν ὑπεράγαν.

II. Λόγος τίς ἐστι Ῥοδίους ὑσθῆναι χρυσῷ, χρυσῆν ἐπ' αὐτοὺς τοῦ Διὸς νεφέλην ῥήξαντος.

III. Ἡρόδοτος λέγει ἐπὶ Ἄτυος διὰ λιμὸν εὑρεθῆναι τὰς παιδιάς.

IV. Ἀριάδνην οἱ μέν φασιν ἀπάγξασθαι ἀπολειφθεῖσαν ὑπὸ τοῦ Θησέως, οἱ δὲ εἰς Νάξον κομισθεῖσαν Διονύσῳ γαμηθῆναι.

V. Ἡρακλῆς ἐν Θήβαις τραφεὶς καὶ παιδευθεὶς καὶ μάλιστα ἐν τοῖς γυμνασίοις διαπονηθεὶς, περιβόητος ἐγένετο.

VI. Ἀπόλλων καταδικκσθεὶς ἐπὶ τῷ τῶν Κυκλώπων θανάτῳ, κἀξοστρακισθεὶς διὰ τοῦτο ἐκ τοῦ οὐρανοῦ, κατεπέμφθη ἐς γῆν, καὶ ἐθήτευσεν ἐν Θετταλίᾳ παρ' Ἀδμήτῳ, καὶ ἐν Φρυγίᾳ παρὰ Λαομέδοντι.

VII. Πόνου μεταλλαχθέντος οἱ πόνοι γλυκεῖς.

THEME 7.

I. Ὃ μέλλεις πράττειν, μὴ πρόλεγε· ἀποτυχὼν γὰρ γελασθήσῃ.

II. Βασιλεὺς ὢν, σκόπει ὅπως οἱ βέλτιστοι μὲν τὰς τιμὰς ἕξουσιν, οἱ δὲ ἄλλοι μηδὲν ἀδικηθήσονται.

III. Αἰδοῦ σαυτὸν, καὶ ἄλλον οὐκ αἰσχυνθήσῃ.

IV. Ἅπαντα δόκει ὡς μηδένα λήσων· καὶ γὰρ ἂν παραυτίκα κρύψῃς, ὕστερον ὀφθήσῃ.

THÈME 8.

I. Ὕλας ὁ Θειοδάμαντος παῖς, ἐν Μυσίᾳ ἀποσταλεὶς ὑδρεύσασθαι, διὰ κάλλος ὑπὸ Νυμφῶν ἡρπάγη.

II. Σοφοκλῆς ὁ τραγῳδοποιὸς, ῥᾶγα σταφυλῆς καταπιὼν, ἀπεπνίγη.

III. Ἥφαιστος ἐρρίφη ὑπὸ τοῦ Διὸς ἐξ οὐρανοῦ, ὅθεν χωλὸς ἐγένετο.

IV. Σχολαστικὸς ἰατρῷ συναντήσας, ἐκρύβη· πυθομένου δέ τινος τὴν αἰτίαν, ἔφη· « Καιρὸν ἔχω μὴ ἀσθενήσας, καὶ αἰσχύνομαι εἰς ὄψιν ἐλθεῖν τοῦ ἰατροῦ. »

V. Λέγεται τὸν Κινέαν, ἐπεὶ τὴν τῶν Ῥωμαίων ἀρετὴν κατενόησε, τῷ Πύρρῳ εἰπεῖν, ὡς ἡ σύγκλητος αὐτῷ βασιλέων πολλῶν συνέδριον φανείη.

VI. Συγκρινομένων τῶν τριῶν ἠπείρων πρὸς ἀλλήλας, μεγίστη μὲν φανείη ἂν ἡ Ἀσία, εἶτα ἡ Λιβύη, τελευταία δὲ ἡ Εὐρώπη.

VOIX MOYENNE.

THÈME 1.

I. Πάντων μάλιστα σαυτὸν αἰσχύνου.

II. Οὐκ ἄμισθον τὸ εὖ ποιεῖν, κἂν μὴ παραχρῆμα τῆς εὐεργεσίας ἡ ἀντίδοσις φαίνηται.

III. Οὐ τὸ πένεσθαι αἰσχρόν, ἀλλὰ τὸ διὰ αἰσχρὰν αἰτίαν πένεσθαι, ὄνειδος.

IV. Τὸν ὀργιζόμενον νόμιζε τοῦ μαινομένου χρόνῳ διαφέρειν.

V. Ἀντίγονος ὑποχωρῶν ποτε τοῖς πολεμίοις ἐπερχομένοις, οὐκ ἔφη φεύγειν, ἀλλὰ διώκειν τὸ συμφέρον ὀπίσω κείμενον.

VI. Ἐρωτήσαντός τινος τὸν Ἀνταλκίδαν, πῶς ἄν τις μάλιστα ἀρέσκοι τοῖς ἀνθρώποις, « Εἰ ἥδιστα μὲν, ἔφη, αὐτοῖς διαλέγοιτο, ὠφελιμώτατα δὲ προσφέροιτο. »

VII. Οἱ πάλαι Ἀθηναῖοι ἁλουργῆ ἠμπείχοντο ἱμάτια, ποικίλους δὲ ἐνέδυνον χιτῶνας.

THÈME 2.

I. Γεγόναμεν ἅπαξ· δὶς δ' οὐκ ἔστι γενέσθαι.

II. Ἔοικεν ὁ βίος θεάτρῳ· διὸ πολλάκις χείριστοι τὸν κάλλιστον ἐν αὐτῷ κατέχουσι τόπον.

III. Αἱ καμηλοπαρδάλεις κατὰ τὴν ῥάχιν κύρτωμα παρεμφερὲς ἔχουσι καμήλῳ, τῷ δὲ χρώματι καὶ τῇ τριχώσει παρδάλεσιν ἐοίκασιν.

IV. Δεδίασιν αἱ μέλισσαι οὐ τοσοῦτον τὸ κρύος, ὅσον τὸν ὄμβρον.

V. Οὐκ ἀκήκοας, ὡς οἱ τέττιγες, ὄντες ἄνθρωποι τὸ παλαιὸν, εἰς ὄρνιθας μετέβαλον;

VI. Ἐλπὶς ἐγρηγορότος ἐνύπνιον.

VII. Πίνδαρος εἶπε τὰς ἐλπίδας εἶναι ἐγρηγορότων ἐνύπνια.

THÈME 3.

I. Δημῶναξ, ἐρωτηθεὶς πότε ἤρξατο φιλοσοφεῖν, « Ὅτε, ἔφη, καταγιγνώσκειν ἐμαυτοῦ ἠρξάμην. »

II. Ἀρίστιππος ἔφη πρὸς τὸν ἀδελφόν· « Μέμνησο ὅτι τῆς μὲν διαστάσεως σὺ ἦρξω, τῆς δὲ διαλύσεως ἐγώ. »

III. Φιλόξενος, ὁ γαστρίμαργος, ἐπιμεμφόμενος τὴν φύσιν, ηὔξατο γεράνου τὴν φάρυγγα ἔχειν.

IV. Κῦρος ὁ Μέγας Πυθάρχῳ τῷ Κυζικηνῷ, φίλῳ ὄντι, ἐχαρίσατο ἑπτὰ πόλεις.

THÈME 4.

I. Λόγισαι πρὸ ἔργου.

II. Διογένης πρὸς τὸν ἐνσείσαντα αὐτῷ δοκὸν, εἶτα εἰπόντα, « Φύλαξαι, » πλήξας αὐτὸν τῇ βακτηρίᾳ, εἶπε· « Φύλαξαι. »

III. Τοιοῦτος γίγνου περὶ τοὺς γονεῖς, οἵους ἂν εὔξαιο περὶ σεαυτὸν γενέσθαι τοὺς σεαυτοῦ παῖδας.

IV. Λέγεται Ἰὼ ἡ Ἰνάχου, εἰς βοῦν μεταμορφωθεῖσα, τὸν Βόσπορον νήξασθαι, καὶ δοῦναι τῷ πορθμῷ τὸ ὄνομα.

V. Σχολαστικὸς κολυμβᾶν βουλόμενος, παρὰ μικρὸν ἐπνίγη· ὤμοσεν οὖν μὴ ἄψασθαι ὕδατος, ἐὰν μὴ πρῶτον μάθῃ κολυμβᾶν.

THÈME 5.

I. Εἰπόντος τινὸς τῶν ἑταίρων, « Ἀπίωμεν, Δημῶναξ, εἰς τὸ Ἀσκληπιεῖον, καὶ προςευξώμεθα ὑπὲρ τοῦ υἱοῦ, — Πάνυ, ἔφη, κωφὸν ἡγῇ τὸν Ἀσκληπιὸν, εἰ μὴ δύναται κἀντεῦθεν ἡμῶν εὐχομένων ἀκούειν. »

II. Πρεσβύτου τινὸς Ῥωμαίου εὐσωματοῦντός, καὶ τὴν ἐνόπλιον Δημώνακτι μάχην πρὸς πάτταλον ἐπιδειξαμένου, καὶ ἐρομένου, « Πῶς σοι, Δημῶναξ, μεμαχῆσθαι ἔδοξα; — Καλῶς, ἔφη, ἂν ξύλινον τὸν ἀνταγωνιστὴν ἔχῃς. »

THÈME 6.

I. Γραῦν τινά φασι μόσχον μικρὸν ἀραμένην, καὶ τοῦτο καθ' ἡμέραν ποιοῦσαν, λαθεῖν βοῦν φέρουσαν.

II. Μίλων, ὁ ἐκ Κρότωνος ἀθλητὴς, ταῦρον ἀράμενος ἔφερε διὰ τοῦ σταδίου μέσου.

III. Λεύκουλλος ὁ Ῥωμαίων στρατηγὸς, ὁ τὸν Μιθριδάτην καὶ Τιγράνην καταγωνισάμενος, πρῶτος διεκόμισεν εἰς Ἰταλίαν τὸν κέρασον.

THÈME 7.

I. Ἐπειδὴ Θεοὶ σωτῆρες κυμάτων καὶ κινδύνου ἐμὲ ἐξείλοντο, ἐπ' ἐργασίαν τρέψομαι, καὶ βαδιοῦμαι ἐν τῷ ἀγρῷ διατρίβων.

II. Λεωνίδης, ἀκούσας τὸν ἥλιον ἐπισκιάζεσθαι τοῖς Περσῶν τοξεύμασι, « Χαρίεν, ἔφη, ὅτι καὶ ὑπὸ σκιᾷ μαχούμεθα. »

III. Θεόκριτος, ἐρωτηθεὶς ὑπὸ ἀδολέσχου ὅπου αὐτὸν αὔριον ὄψοιτο, ἔφη· « Ὅπου ἐγὼ σὲ οὐκ ὄψομαι. »

THÈMES SUR LES VERBES EN MI.

(Méthode, § 128-150.)

VOIX ACTIVE.

THÈME 1.

I. Ζεὺς πάντα τίθησιν ὅπη θέλει.

II. Τί τὸν νεκρὸν ὁ κωκυτὸς ὀνίνησι;

III. Λέοντα νοσοῦντα οὐδὲν ἄλλο ὀνίνησι φάρμακον, εἰ μὴ βρωθεὶς πίθηκος.

IV. Χίλων, ἐρωτηθεὶς τί χαλεπώτατον· « Τὸ γιγνώσκειν ἑαυτὸν, ἔφη· πολλὰ γὰρ ὑπὸ φιλαυτίας ἕκαστον ἑαυτῷ προςτιθέναι μάτην. »

V. Σόλων τοῖς ἐν Πρυτανείῳ σιτουμένοις μᾶζαν παρέχειν κελεύει, ἄρτον δὲ ταῖς ἑορταῖς προςπαρατιθέναι.

THÈME 2.

I. Τοῦτον τὸν νόμον ὁ Θεὸς τέθεικεν· Εἴ τι ἀγαθὸν θέλεις, παρὰ σεαυτοῦ λαβέ.

II. Οἱ παλαιοὶ τοῖς ἀποθανοῦσιν ὀβολὸν εἰς τὸ στόμα κατέθηκαν.

III. Ῥάδιον ἐξ ἀγαθοῦ θεῖναι κακὸν, ἢ ἐκ κακοῦ ἐσθλόν.

IV. Ἀθηνᾶ ἐν μέσῃ τῇ ἀσπίδι τὴν τῆς Γοργόνος κεφαλὴν ἀνέθηκε.

V. Νόμος ἐστὶ Θηβαϊκὸς, ὅτι οὐκ ἔξεστιν ἀνδρὶ Θηβαίῳ ἐκθεῖναι παιδίον.

VI. Φασὶ τοὺς Φοίνικας οὐκ ἐξ ἀρχῆς εὑρεῖν τὰ γράμματα, ἀλλὰ τοὺς τύπους μεταθεῖναι μόνον.

VII. Ἀντίγονος, ὁ βασιλεὺς, Διόνυσον πάντα ἐμιμεῖτο, κισσὸν

περιτιθεὶς τῇ κεφαλῇ ἀντὶ διαδήματος, καὶ θύρσον ἀντὶ σκήπτρου φέρων.

VIII. Λυκοῦργον, τὸν θέντα Λακεδαιμονίοις νόμους, μάλιστα θαυμάζω καὶ σοφώτατον εἶναι ἡγοῦμαι.

THÈME 3.

I. Εἰ ἀηδὼν ἤμην, ἐποίουν ἂν τὰ τῆς ἀηδόνος· εἰ κύκνος, τὰ τοῦ κύκνου· νῦν δὲ λογικός εἰμι, ὑμνεῖν δεῖ τὸν Θεόν· τοῦτό μου τὸ ἔργον ἐστίν.

II. Οὐκ ἀγαθὸν πολυκοιρανίη, εἷς κοίρανος ἔστω, εἷς βασιλεύς.

III. Ἐὰν ᾖς φιλομαθής, ἔσῃ πολυμαθής.

IV. Οἱ Λουσιτανοὶ παιᾶνας ᾄδουσιν, ὅταν ἐν μάχῃ ἐπίωσι τοῖς ἀντιτεταγμένοις.

V. Εὔκολον ἔφασκεν ὁ Βίων τὴν εἰς ᾅδου ὁδόν· καταμύοντας γὰρ αὐτὴν ἰέναι.

VI. Μαρίου μὲν τὸν πατέρα οὐκ ἴσμεν, αὐτὸν δὲ θαυμάζομεν διὰ τὰ ἔργα.

THÈME 4.

I. Ὁ Τάνταλος ἐν τῇ λίμνῃ αὖος ἕστηκε.

II. Τριπτολέμῳ μὲν ἱερὰ καὶ βωμοὺς ἀνέστησαν, ὅτι τὰς ἡμέρους τροφὰς ἡμῖν ἔδωκε· τῷ δὲ τὴν ἀλήθειαν εὑρόντι τίς ὑμῶν βωμὸν ἱδρύσατο;

III. Ἀριστῶντι Διογένει ἐν ἀγορᾷ οἱ περιεστῶτες συνεχὲς ἔλεγον· « Κύον, κύον· » ὁ δέ, « Ὑμεῖς, εἶπεν, ἐστὲ κύνες, οἵ με ἀριστῶντα περιεστήκατε. »

IV. Οὐδὲ τὸν ἀέρα οἱ ἄνθρωποι τοῖς ὄρνισιν εἴων ἐλεύθερον, παγίδας καὶ νεφέλας ἱστάντες.

V. Τὸν Κρόνον λέγουσι τοὺς καθ' ἑαυτὸν ἀνθρώπους ἐξ ἀγρίας διαίτης εἰς βίον ἥμερον μεταστῆσαι.

THÈME 5.

I. Οὐδὲν τῶν μὴ καλῶν δίδωσι Θεός· ἀλλ᾽ ἔστι ταῦτα δωρεὰ τύχης ἀλόγου.

II. Ἁπλῆν Ὅμηρος θεοῖς δίαιταν ἀποδίδωσι.

III. Δίδου παῤῥησίαν τοῖς εὖ φρονοῦσι.

IV. Τένθης τις δακτυλήθρας ἔχων ἤσθιε τὸ ὄψον, ἵν᾽ ὡς θερμότατον ἀναδιδοίη τῇ γλώττῃ.

V. Ἡ φύσις τὰ δάκρυα ἔδωκεν ἡμῖν παραμυθίαν ἐν ταῖς τύχαις.

VI. Προμηθεὺς, Ἰαπετοῦ υἱὸς, τὸ πῦρ τοῖς ἀνθρώποις ἔδωκεν.

VII. Οἱ Φοίνικες τοῖς Ἕλλησι τὰ γράμματα παραδεδώκασι.

VIII. Φασὶν Εὐριπίδην Σωκράτη, ἀποδόντα τι Ἡρακλείτου σύγγραμμα, ἐρέσθαι, τί δοκεῖ, τὸν δὲ φάναι· « Ἃ μὲν συνῆκα, γενναῖα, οἶμαι δὲ καὶ ἃ μὴ συνῆκα. »

IX. Ἔριφος ἐπί τινος δώματος ἑστὼς, ἐπειδὴ λύκον παριόντα εἶδεν, ἐλοιδόρει καὶ ἔσκωπτεν αὐτόν· ὁ δὲ λύκος ἔφη· « Ὦ οὗτος, οὐ σὺ μὲ λοιδορεῖς, ἀλλὰ ὁ τόπος. »

THÈME 6.

I. Ὁ οἶνος μέτριος μὲν ληφθεὶς ῥώννυσι, πλείων δὲ παρίησιν.

II. Ἡ πλαστικὴ δείκνυσι τὰ εἴδη τῶν θεῶν, τῶν ἀνθρώπων, καὶ ἐνίοτε καὶ τῶν θηρῶν.

III. Ἁπλοῦς ὁ μῦθος τῆς ἀληθείας ἔφυ.

IV. Οὐδὲν θαλάσσης ἀπιστότερον· πλοῦτον γὰρ διδοῦσα, αὐτὸν πάλιν ἀφαιρεῖται, καὶ μετ᾽ αὐτοῦ ἀφαιρεῖται τὰς ψυχάς· καί τις ἀναχθεὶς μετὰ πολλῶν χρημάτων, ἢ συγκατέδυ τοῖς χρήμασιν ἢ ἀπεσώθη γυμνός.

V. Ἡ σαλαμάνδρα, ὥς φασι, διὰ τοῦ πυρὸς βαδίζουσα, κατασβέννυσι τὸ πῦρ.

VOIX MOYENNE.

THÈME 1.

I. Ὅτε εἷλε τὴν Θηβαίων πόλιν Ἀλέξανδρος, ἀπέδοτο τοὺς ἐλευ-θέρους πάντας.

II. Ἡρακλεῖ ἡ ἀρετὴ τὴν προςηγορίαν ἔθετο· Ἡρακλῆς γὰρ προςηγορεύθη, ὅτι δι᾽ Ἥραν κλέος ἔσχεν.

III. Ὁ νόμος λέγει· Ὃ μὴ κατέθου, μὴ λάμβανε.

IV. Ξενοφῶντι Θύοντι ἧκέ τις ἐκ Μαντινείας ἄγγελος, λέγων τὸν υἱὸν αὐτοῦ, τὸν Γρύλλον, τεθνάναι· κἀκεῖνος ἀπέθετο μὲν τὸν στέφανον, διετέλει δὲ Θύων· ἐπεὶ δὲ ὁ ἄγγελος προςέθηκε καὶ ἐκεῖνο, ὅτι νικῶν τέθνηκε, πάλιν ὁ Ξενοφῶν ἐπέθετο τὸν στέφανον.

THÈME 2.

I. Ἡρακλῆς χειρωσάμενος τὸν ἐκ Νεμέας λέοντα, τὴν μὲν δορὰν ἠμφιέσατο; τῷ χάσματι δὲ ἐχρήσατο κόρυθι.

II. Οἱ Ἀθηναῖοι τὸν Πειραιᾶ ἐμπόριον ἐν μέσῳ τῆς Ἑλλάδος κατεστήσαντο.

III. Κακὸν οὐδὲν φύεται ἐν ἀνδρὶ Θεμέλια Θεμένῳ τοῦ βίου σωφροσύνην καὶ ἐγκράτειαν.

IV. Ἐν Τήνῳ κρήνη ἐστὶν, ἧς τῷ ὕδατι οἶνος οὐ μίγνυται.

V. Ἡ τῶν Ἀθηναίων πόλις πρώτη νόμους ἔθετο, καὶ πολιτείαν κατεστήσατο.

VI. Ἀρετὴ, κᾂν Θάνῃ τις, οὐκ ἀπόλλυται.

VOIX PASSIVE.

THÈME 1.

I. Ἑωράκαμεν ἀνθρώπους οἳ καὶ κυνῶν θανάτῳ καὶ ἵππων αἰσχρῶς ὑπὸ λύπης διετέθησαν.

II. Δάφνιν τὸν βουκόλον λέγουσι τεχθέντα ἐκτεθῆναι ἐν δάφνῃ, ὅθεν καὶ τὸ ὄνομα ἔλαβεν.

III. Οἱ ἑστιῶντες τὸν Ἀλέξανδρον τὸν Φιλίππου τῶν φίλων τὸ μέλλον παρατεθήσεσθαι τῶν τραγημάτων περιεχρύσουν.

IV. Ἐν Μακεδονίᾳ τοῦ Κεράνου γάμους ἑστιῶντος, οἱ συγκεκλημένοι ἄνδρες ἦσαν εἴκοσιν· οἷς καὶ κατακλιθεῖσιν εὐθέως ἐδόθησαν φιάλαι ἀργυραῖ, ἑκάστῳ μία, δωρεά.

V. Ἡρακλῆς τὸν Ἐρυμάνθιον κάπρον διώξας μετὰ κραυγῆς εἰς χιόνα πολλὴν, παρειμένον ἐνεβρόχισεν.

THÈME 2.

I. Πλάτων πρὸς Ἀρίστιππον εἶπε· « Σοὶ μόνῳ δέδοται καὶ χλαμύδα εὖ φορεῖν καὶ ῥάκος. »

II. Πυθαγόρας ἔλεγε δύο ταῦτα ἐκ τῶν θεῶν τοῖς ἀνθρώποις δεδόσθαι κάλλιστα, τό τε ἀληθεύειν καὶ τὸ εὐεργετεῖν.

III. Ταῖς Μούσαις λέγουσι παρὰ Διὸς τὴν γραμμάτων εὕρεσιν δοθῆναι.

IV. Ὁ οἶνος εἰς τὴν ἰατρικὴν χρησιμώτατος· πολλάκις γὰρ τοῖς ποτοῖς φαρμάκοις κεράννυται.

V. Νεὼς ἐν Ῥώμῃ δείκνυται, οὐ πρόσω τῆς ἀγορᾶς, ἐν ᾧ αἱ εἰκόνες τῶν Τρωϊκῶν θεῶν κεῖνται.

THÈMES SUR QUELQUES VERBES IRRÉGULIERS
OU DÉFECTIFS.

(Méthode, supplément § 246-253 *bis*.)

THÈME 1.

I. Κρεῖττον εἰς κόρακας ἢ εἰς κόλακας ἐμπεσεῖν· οἱ μὲν γὰρ νεκροὺς, οἱ δὲ ζῶντας ἐσθίουσιν.

II. Ἀπέκειρεν ἡμῶν ἡ χάλαζα βαρέως ἐμπεσοῦσα τὰ λήϊα, καὶ λιμοῦ φάρμακον οὐδέν.

III. Εἰπόντος τινὸς τῶν στρατιωτῶν πρὸς Πελοπίδαν· « Ἐμπεπτώκαμεν εἰς τοὺς πολεμίους· — Τί μᾶλλον, εἶπεν, ἢ εἰς ἡμᾶς ἐκεῖνοι; »

IV. Νῖνος Σεμίραμιν ἔγημε, τὴν ἐπιφανεστάτην ἁπασῶν τῶν γυναικῶν ὧν παρειλήφαμεν.

V. Ὁ Κάτων φησὶν αὐτὸς πλείονας εἰληφέναι πόλεις ὧν διήγαγεν ἡμερῶν ἐν Ἰβηρίᾳ.

VI. Πολὺς ὁ χειμών· πάντα ἡ χιὼν κατείληφε, καὶ λευκανθίζουσιν οὐχ οἱ λόφοι μόνον, ἀλλὰ καὶ τὰ κοῖλα τῆς γῆς.

VII. Ὦ δαῖμον, ὅς με εἴληχας, ὡς πονηρὸς εἶ, καὶ λυπεῖς, ἀεὶ τῇ πενίᾳ συνδέων!

THÈME 2.

I. Εἰς τοῦτό τινες ἀνοίας ἐληλύθασιν, ὥσθ' ὑπειλήφασι τὴν μὲν ἀδικίαν ἐπονείδιστον μὲν εἶναι, κερδαλέαν δὲ, τὴν δὲ δικαιοσύνην, εὐδόκιμον μὲν, ἀλυσιτελῆ δέ.

II. Ἐὰν τὰ παρεληλυθότα μνημονεύῃς, ἄμεινον καὶ περὶ τῶν μελλόντων βουλεύσῃ.

III. Μαρσύας εὑρὼν αὐλοὺς, οὓς ἔρριψεν Ἀθηνᾶ, ἦλθεν εἰς ἔριν περὶ μουσικῆς Ἀπόλλωνι.

IV. Σχολαστικὸς βουλόμενος περάσαι ποταμὸν, ἀνῆλθεν ἐς τὸ πλοῖον ἔφιππος· πυθομένου δέ τινος τὴν αἰτίαν, ἔφη σπουδάζειν.

V. Γαλατῶν στρατιὰ Μακεδονίαν καὶ Θεσσαλίαν ἐπέδραμε, καὶ πολλὰ λεηλατοῦντες εἰς τὴν Ἀσίαν διέβησαν.

THÈME 3.

I. Μακαριώτατον ἐν ἀνθρώποις εὐτυχοῦντα ἀποθανεῖν.

II. Ὁ Ἑλλήσποντος ἐκλήθη ἀπὸ τῆς Ἕλλης ἐν αὐτῷ Θανούσης.

III. Περικλῆς τοὺς ἐν Σάμῳ τεθνηκότας ἐγκωμιάζων ἐπὶ τοῦ βήματος, ἀθανάτους ἔλεγε γεγονέναι, καθάπερ τοὺς Θεούς.

IV. Ἀγίας ὁ Ἀρκὰς καὶ Σωκράτης ὁ Ἀχαιὸς συνηκολούθουν Κύρῳ τῷ νεωτέρῳ καὶ ἀπεθανέτην.

V. Τεθνάναι πολὺ κρεῖττον ἢ δι' ἀκρασίαν τὴν ψυχὴν ἀμαυ-ρῶσαι.

VI. Ἡρακλῆς τυχὼν ἀθανασίας, καὶ διαλλαγεὶς Ἥρᾳ, τὴν ἐκείνης Θυγατέρα Ἥβην ἔγημεν.

VII. Τὸ κάλλος ἢ χρόνος ἀνήλωσεν, ἢ νόσος ἐμάρανεν· ἡ δὲ τῆς ἀρετῆς κτῆσις συγγηράσκει.

VIII. Τίς οὐκ οἶδεν οἷα ἔπαθεν ὁ Προμηθεὺς, διότι καθ' ὑπερ-βολὴν φιλάνθρωπος ἦν;

IX. Δίκαια δράσας, συμμάχου τεύξῃ Θεοῦ.

THÈME 4.

I. Πολλὰ λυπηρὰ ὁ βίος ἐν ἑαυτῷ φέρει.

II. Ἀνὴρ σοφὸς τὰς ἐν βίῳ συμφορὰς ῥᾷον οἴσει τῶν ἄλλων.

III. Μέγιστον μὲν καὶ Θεοῦ μόνον τὸ ἀναμάρτητον· γενναίων δὲ, μετὰ τὸ ἁμάρτημα, ὡς τάχιστα ἀνενεγκεῖν.

IV. Θάμυρις κάλλει διενεγκὼν καὶ κιθαρῳδίᾳ, περὶ μουσικῆς ἤρισε Μούσαις.

THÈME 5.

I. Ὅτε οἱ Γαλάται κατέδραμον τὴν Ἰωνίαν καὶ τὰς πόλεις ἐπόρθουν, ἐν Μιλήτῳ Θεσμοφορίων ὄντων, καὶ συνηθροισμένων γυναικῶν ἐν τῷ ἱερῷ, ὃ βραχὺ τῆς πόλεως ἀπέχει, μέρος τι τῶν βαρβάρων διῆλθεν εἰς τὴν Μιλησίαν, καὶ ἐξαπιναίως ἐπιδραμὸν εἷλε τὰς γυναῖκας.

II. Ἡ Σφίγξ, Οἰδίποδος τὸ αὐτῆς αἴνιγμα εὑρόντος, ἐκ σκοπέλου ἑαυτὴν ῥίψασα ἀνεῖλεν.

III. Ἀδμήτου μέλλοντος θανεῖν, Ἄλκηστις εἵλετο ὑπὲρ αὐτοῦ θάνατον.

IV. Λέγεται ὅτι ὁ Λερναῖος ὄφις πεντήκοντα κεφαλὰς εἶχε, σῶμα δὲ ἕν · καὶ ὁπότε Ἡρακλῆς ἀφέλοιτο κεφαλὴν μίαν, δύο ἀνεφύοντο.

V. Σχολαστικὸς οἰκίαν πριάμενος, τῆς θυρίδος προκύψας, ἠρώτα τοὺς παριόντας εἰ πρέπει αὐτῷ ἡ οἰκία.

VI. Φωκίωνι ὁ παῖς πλείω τῶν εἰωθότων ἐπρίατο · ὁ δέ, « Οἰμώξῃ, ἔφη, ἐὰν τοῦ φαγεῖν πλείω ἐπιφαγεῖν παρασκευάζῃς. »

THÈME 6.

I. Γλαῦκος, ὁ Σισύφου υἱός, ὑφ' ἵππων κατεβρώθη.

II. Φασὶν Ἀκταίωνα μὲν ὑπὸ τῶν ἰδίων κυνῶν καταβρωθῆναι · πολλοὶ δὲ ὑπὸ κολάκων καὶ παρασίτων καταβιβρώσκονται.

III. Κύκνος, ὑπ' Ἀχιλλέως πληγεὶς λίθῳ, οὐκ ἐτρώθη · ὅθεν ἄτρωτος γεγονέναι λέγεται.

IV. Μίνως, ὁ Κρήτης βασιλεύς, Δαίδαλον καὶ Ἴκαρον καθεῖρξε · Δαίδαλος δέ, ποιήσας πτέρυγας προςθετάς, ἐξέπτη μετὰ τοῦ Ἰκάρου · ὁ δὲ Ἴκαρος τελευτᾷ ἐν τῷ πελάγει · ὅθεν ἀπ' ἐκείνου Ἰκάριον πέλαγος ἐκλήθη.

V: Φρίξος, μαθὼν ὅτι ὁ πατὴρ αὐτὸν μέλλει θύειν, λαβὼν τὴν ἀδελφὴν αὐτοῦ, καὶ ἀναβὰς σὺν αὐτῇ ἐπὶ κριὸν, διὰ τῆς θαλάσσης ἀφίκετο εἰς τὸν Εὔξεινον πόντον.

THÈME 7.

I. Μηδέποτε μηδὲν αἰσχρὸν ποιήσας ἔλπιζε λήσειν· καὶ γὰρ ἂν τοὺς ἄλλους λάθῃς, σαυτῷ γε συνειδήσεις.

II. Πύρρος, ἐπεὶ συμβαλὼν τοῖς Ῥωμαίοις, δὶς ἐνίκησε, πολλοὺς τῶν φίλων καὶ ἡγεμόνων ἀπολέσας, « Ἂν ἔτι μίαν, ἔφη, μάχην Ῥωμαίους νικήσωμεν, ἀπολώλαμεν. »

III. Θεμιστοκλῆς, τῆς Ἑλλάδος ἐκπεσὼν, πλούσιος γενόμενος, πρὸς τοὺς παῖδας εἶπεν· « Ὦ παῖδες, ἀπωλόμεθα ἄν, εἰ μὴ ἀπολώλειμεν. »

IV. Οὐδεὶς ἀνθρώπων ἠξιώθη τοῖς Θεοῖς ὁμιλεῖν, πλὴν ὅσοι μετεσχήκασιν ἀρετῆς· Ἡρακλῆς γὰρ ταύτης χάριν ἀμβροσίας μετέσχεν.

V. Ἡ Ἑλένη πλεῖστον μέρος μετέσχηκε κάλλους.

VI. Δαναὸς, ἐξ Αἰγύπτου φυγὼν, Ἄργος κατέσχεν.

———◆———

THÈMES DE RÉCAPITULATION

SUR TOUS LES VERBES.

INDICATIF. — PRÉSENT.

THÈME 1.

I. Οἱ Πέρσαι θύουσι πυρί, καὶ ἐπιφοροῦντες αὐτῷ τὴν πυρὸς τροφὴν, λέγουσι · « Πῦρ, δέσποτα, ἔσθιε. »

II. Οἱ Αἰγύπτιοι θηρία τιμῶσι, καὶ οἱ αὐτῶν θεοὶ ἀποθνήσκουσι, καὶ πενθοῦνται, καὶ δείκνυνται τάφοι θεῶν.

III. Τοῖς μὲν διὰ τοῦ ἡλίου πορευομένοις ἕπεται κατ' ἀνάγκην σκιά · τοῖς δὲ διὰ τῆς δόξης βαδίζουσιν ἀκολουθεῖ φθόνος.

IV. Τὸ ἐσθίειν πολλὰ τοὺς μὲν λογισμοὺς ἐξαιρεῖ, καὶ τὰς ψυχὰς ποιεῖται βραδυτέρας, ὀργῆς δὲ καὶ σκληρότητος ἐμπίμπλησιν.

V. Ὁ Ἀθάμας, δυναστεύων Βοιωτίας, ἐκ Νεφέλης τεκνοῖ μὲν παῖδα Φρίξον, θυγατέρα δὲ Ἕλλην · αὖθις δὲ Ἰνὼ γαμεῖ, ἐξ ἧς αὐτῷ Λέαρχος καὶ Μελικέρτης ἐγένοντο.

VI. Καὶ κυβερνήτης ἀγαθὸς ἐνίοτε ναυαγεῖ, καὶ ἀνὴρ σπουδαῖος ἀτυχεῖ.

IMPARFAIT.

THÈME 2.

I. Ἀριστοφάνης λέγει περὶ τοῦ Περικλέους, ὅτι ἤστραπτεν, ἐβρόντα, ξυνεκύκα τὴν Ἑλλάδα.

II. Ἐν τῷ Πελοποννησιακῷ πολέμῳ εἷς ἀνήρ, ὁ Περικλῆς, ἐξώρθου τὴν πόλιν, καὶ ἀνίστη, καὶ ἀντετάττετο καὶ τῷ λοιμῷ καὶ τῷ πολέμῳ.

FUTUR.

THÈME 3.

I. Ὁ Ζεὺς, τοῖς θεοῖς ἀπειλήσας, « Ἢν ἐθελήσω, ἔφη, ἐγὼ μὲν ἐκ τοῦ οὐρανοῦ σειρὰν καθήσω, ὑμεῖς δ᾽, ἢν ἀποκρεμασθέντες βιάζησθέ με, μάτην πονήσετε· οὐ γὰρ δὴ καθελκύσετε· εἰ δ᾽ ἐγὼ ἐθελήσαιμι, οὐ μόνον ὑμᾶς, ἀλλὰ καὶ τὴν γῆν ἅμα καὶ τὴν θάλασσαν συναρτήσας μετεωριῶ. »

II. Πυθαγόρας ὁ Σάμιος πρῶτος ἐν τοῖς Ἕλλησιν ἐτόλμησεν εἰπεῖν, ὅτι τὸ μὲν σῶμα τεθνήξεται, ἡ δὲ ψυχὴ ἀναπτᾶσα οἰχήσεται ἀθάνατος καὶ ἀγήρως.

III. Ἐμπεδοκλῆς, τὴν τῶν Ἀκραγαντίνων τρυφὴν ἰδὼν, ἔλεγεν· « Ἀκραγαντῖνοι τρυφῶσι μὲν ὡς αὔριον ἀποθανούμενοι, οἰκίας δὲ κατασκευάζονται ὡς πάντα τὸν χρόνον βιωσόμενοι. »

IV. Ἡρακλῆς, τὴν Ἡσιόνην ἰδὼν κήτει ἐκκειμένην, ὑπέσχετο σώσειν αὐτὴν, εἰ τὰς ἵππους τοῦ Λαομέδοντος λήψεται.

AORISTE.

THÈME 4.

I. Κόνων, τῇ περὶ Κνίδον ναυμαχίᾳ νικήσας Λακεδαιμονίους, ἑκατόμβην θύσας, πάντας Ἀθηναίους εἱστίασε.

II. Τίς λοιμὸς ἢ σεισμὸς τοσαύτας πόλεις ἐκένωσεν, ἢ τοσαῦτα γένη ἀνθρώπων ἠφάνισεν ἢ κατέδυσεν, ὅσα ἡ φιλοτιμία καὶ ἡ τρυφή;

III. Ἀθηνᾶ Κάδμῳ βασιλείαν κατεσκεύασε· Ζεὺς δὲ ἔδωκεν αὐτῷ γυναῖκα Ἁρμονίαν, καὶ πάντες θεοὶ, καταλιπόντες τὸν οὐρανὸν, ἐν τῇ Καδμείᾳ τὸν γάμον εὐωχούμενοι ἀνύμνησαν.

IV. Ὁ Ξέρξης τῷ στρατοπέδῳ ἔπλευσε μὲν διὰ τῆς ἠπείρου, ἐπέζευσε δὲ διὰ τῆς θαλάσσης, τὸν μὲν Ἑλλήσποντον ζεύξας, τὸν δὲ Ἄθω διορύξας.

THÈME 5.

I. Ἀλέξανδρος, ὅτε ἐνίκησε Δαρεῖον, ἀπέστειλε τοῖς Ἕλλησι θεὸν αὐτὸν ψηφίσασθαι.

II. Ἥρα δύο δράκοντας ἀπέστειλεν, ἀναλώσοντας Ἡρακλέα, ἔτι βρέφος ὄντα· ὁ δὲ παῖς, οὐ καταπλαγείς, ἑκατέρᾳ τῶν χειρῶν τὸν αὐχένα σφίγξας, ἀπέπνιξε τοὺς δράκοντας.

III. Τὼ Ἀλωέως παῖδε, ἀτασθάλω ὄντε, δίκας ἐτισάτην, ἢ κλί-μακα ἐπὶ τὸν οὐρανὸν ἐποιησάσθην.

IV. Πολλὰ ἦσαν ἐν τοῖς παλαιοῖς χρόνοις θεῶν ἀγάλματα, ὧν τὰ μὲν δι᾽ ἔκπληξιν ἐσεβάσθη, τὰ δὲ διὰ τὸ κάλλος ἐπῃνέθη.

V. Μηδέποτε ἐπὶ μηδενὸς εἴπῃς, ὅτι « ἀπώλεσα αὐτὸ, » ἀλλ᾽ ὅτι « ἀπέδωκα· » τὸ παιδίον ἀπέθανεν; ἀπεδόθη· τὸ χωρίον ἀφῃρέθη; οὐκοῦν καὶ τοῦτο ἀπεδόθη. — Ἀλλὰ κακὸς ὁ ἀφελόμενος. — Τί δέ σοι μέλει διὰ τίνος σε ὁ δοὺς ἀπήτησε; μέχρι δ᾽ ἂν διδῷ, ὡς ἀλλο-τρίου αὐτοῦ ἐπιμελοῦ, ὡς τοῦ πανδοχείου οἱ παριόντες.

VI. Ἀκταίων τραφεὶς παρὰ Χείρωνι, κυνηγὸς ἐδιδάχθη, καὶ ὕστερον κατεβρώθη ἐν τῷ Κιθαιρῶνι ὑπὸ τῶν ἰδίων κυνῶν.

PARFAIT. PLUS-QUE-PARFAIT.

THÈME 6.

I. Τὰ χρήματα τοῖς πλουσίοις ἡ τύχη οὐ δεδώρηται, ἀλλὰ δε-δάνεικεν.

II. Ἀλεξάνδρου ἡ σκηνὴ πολυτελὴς ἦν· χρυσοῖ γὰρ κίονες διει-λήφεσαν αὐτήν, καὶ τὸν ὄροφον διάχρυσος ἦν, καὶ ἐκπεπόνητο ποι-κίλμασι πολυτελέσι· καὶ πρῶτοι μὲν Πέρται πεντακόσιοι περὶ αὐτὴν εἱστήκεσαν, πορφυρᾶς καὶ μηλίνας ἠσθημένοι στολάς· ἐπ᾽ αὐτοῖς δὲ τοξόται χίλιοι, φλόγινα ἐνδεδυκότες καὶ ὑσγινοβαφῆ.

IMPÉRATIF.

PRÉSENT. AORISTE. PARFAIT.

THÈME 7.

I. Γνῶθι σαυτόν. — Μὴ πολλὰ λάλει· ἡ γλῶσσά σου μὴ προτρεχέτω τοῦ νοῦ.

II. Τοὺς πρεσβυτέρους σέβου. — Θυμοῦ κράτει. — Ἀδικούμενος διαλλάσσου.

III. Φίλων παρόντων καὶ ἀπόντων μέμνησο. — Τὸν τετελευτηκότα μακάριζε.

IV. Ἀγάπα τὸν πλησίον. — Νόμῳ πείθου. — Θεὸν σέβου. — Γονεῖς αἰδοῦ. — Κακίας ἀπέχου. — Χρόνου φείδου. — Ὅρα τὸ μέλλον. — Σοφοῖς χρῶ. — Ἄρχε σεαυτοῦ.

V. Λαβὼν ἀπόδος. — Τὸ συμφέρον δικαίως θηρῶ. — Ἐπὶ ῥώμης μὴ καυχῶ. — Κακοῖς μὴ προσομίλει ἀνδράσιν, ἀλλ’ ἀεὶ τῶν ἀγαθῶν ἔχου. — Θεὸν δείδιθι. — Ἐπίορκον μὴ ἐπόμνυθι.

VI. Ὁ μὲν λῃστὴς οὗτος ἐς τὸν Πυριφλεγέθοντα ἐμβεβλήσθω· ὁ δ’ ἱερόσυλος ὑπὸ τῆς Χιμαίρας διασπασθήτω· ὁ δὲ τύραννος ὑπὸ τῶν γυπῶν κειρέσθω τὸ ἧπαρ· ὑμεῖς δὲ οἱ ἀγαθοὶ ἄπιτε ἐς τὸ Ἠλύσιον πεδίον, καὶ τὰς μακάρων νήσους κατοικεῖτε, ἀνθ’ ὧν δίκαια ἐποιεῖτε κατὰ τὸν βίον.

VII. Οἱ πλούσιοι ὑπὲρ τῶν φίλων τῶν πενήτων τὰ χρέα διαλυθόντων καὶ τὸ ἐνοίκιον οἵτινες ἂν ὀφείλοντες μὴ ἔχωσι καταβαλεῖν.

SUBJONCTIF.

PRÉSENT. AORISTE. PARFAIT.

THÈME 8.

I. Σωκράτης λέγει τῶν ἄλλων ἀνθρώπων διαφέρειν, καθόσον οἱ μὲν ζῶσιν ἵν’ ἐσθίωσιν, αὐτὸς δὲ ἐσθίει ἵνα ζῇ.

II. Θεώρει ὥςπερ ἐν κατόπτρῳ τὰς σαυτοῦ πράξεις, ἵνα τὰς μὲν καλὰς ἐπικοσμῇς, τὰς δ' αἰσχρὰς καλύπτῃς.

III. Ὁ Πιττακὸς τῷ μεθύοντι, ἐὰν ἁμάρτῃ, διπλῆν ζημίαν ἔθηκεν, ἵνα μὴ μεθύοιεν οἱ πολῖται.

IV. Τὸν οἶνον ἢν πίνῃ τις μετρίως, τὸ σῶμα ὤνησε, τὴν δὲ ψυχὴν οὐκ ἔβλαψεν· ἢν δὲ πίνῃ πρὸς ὑπερβολὴν, καὶ ἤδη μεθύσκηται, αἰσχρὰ πάσχει, καὶ γελοῖον θέαμα τοῖς ἄλλοις παρέχει.

THÈME 9.

I. Ἀπόλλων ᾐτήσατο παρὰ τῶν Μοιρῶν, ἵνα, ὅταν Ἄδμητος μέλλῃ τελευτᾶν, ἀπολυθείη τοῦ θανάτου, ἂν ἑκουσίως τις ὑπὲρ αὐτοῦ θνήσκειν ἕληται.

II. Πομπηΐου καὶ Καίσαρος διαστάντων, ὁ Κικέρων ἔφη· « Γιγνώσκω ὃν φύγω, μὴ γιγνώσκων πρὸς ὃν φύγω. »

III. Οἱ δραπέται, κἂν μὴ διώκωνται, φοβοῦνται, οἱ δὲ ἄφρονες, κἂν μὴ κακῶς πράττωσι, ταράττονται.

THÈME 10.

I. Οἱ Κρῆτες τοὺς παῖδας μανθάνειν τοὺς νόμους κελεύουσι μετά τινος μελῳδίας, ἵνα ἐκ τῆς μουσικῆς ψυχαγωγῶνται, καὶ εὐκολώτερον αὐτοὺς τῇ μνήμῃ παραλαμβάνωσιν.

II. Διογένης, ἰδὼν τοξότην ἀφυῆ, παρὰ τὸν σκοπὸν ἐκάθισεν, εἰπών· « Ἵνα μὴ πληγῶ. »

III.   ..... Χωρὶς τῶν ἀναγκαίων κακῶν,
αὐτοὶ παρ' αὑτῶν ἕτερα προςπορίζομεν·
λυπούμεθ', ἢν πτάρῃ τις· ἢν εἴπῃ κακῶς,
ὀργιζόμεθ'· ἢν ἴδῃ τις ἐνύπνιον, σφόδρα
φοβούμεθ'· ἢν γλαὺξ ἀνακράγῃ, δεδοίκαμεν.

IV. Οἱ Ἀθηναῖοι ἐψηφίσαντο Αἰγινητῶν ἑκάστῳ τὸν μέγαν ἀποκόψαι τῆς χειρὸς δάκτυλον τῆς δεξιᾶς, ἵνα δόρυ μὲν βαστάζειν μὴ δύνωνται, κώπην δὲ ἐλαύνειν δύνωνται.

V. Σοφὸς ὁ ἀεὶ ὀῤῥωδήσας μή τι ἠδικηκὼς ᾖ.

VI. Ἢν τῆς πατρίδος μεμνημένοι ὦμεν, ἄνδρες ἑκάστοτε γενησόμεθα.

ΟΡΤΑΤΙF.

PRÉSENT. AORISTE.

THÈME 11.

I. Σωκράτης ἔλεγε τοὺς μὲν ἄλλους ἀνθρώπους ζῆν, ἵνα ἐσθίοιεν, αὐτὸς δὲ ἐσθίειν, ἵνα ζώη.

II. Ὁ αὐτὸς ἠξίου τοὺς νέους συνεχῶς κατοπτρίζεσθαι, ἵν᾽, εἰ μὲν καλοὶ εἶεν, ἄξιοι γίγνοιντο· εἰ δὲ αἰσχροί, παιδείᾳ τὴν δυςείδειαν ἐπικαλύπτοιεν.

III. Σόλων ἐρωτηθείς, πῶς ἂν μὴ γίγνοιτο ἀδίκημα ἐν τῇ πόλει, εἶπεν· « Εἰ ὁμοίως ἀγανακτοῖεν οἱ μὴ ἀδικούμενοι τοῖς ἀδικουμένοις. »

THÈME 12.

I. Πυθαγόρας, ἐρωτηθεὶς πῶς ἂν οἰνόφλυξ τοῦ μεθύειν παύσαιτο, « Εἰ συνεχῶς, ἔφη, θεωροίη τὰ ὑπ᾽ αὐτοῦ πρασσόμενα. »

II. Ἀνάχαρσις, ἐρωτηθεὶς πῶς ἄν τις μὴ μεθύσκοιτο, « Εἰ, ἔφη, ὁρώη τοὺς μεθύοντας οἷα ποιοῦσι. »

III. Θεόπομπος πρὸς τὸν ἐρωτήσαντα πῶς ἄν τις ἀσφαλῶς τηροίη τὴν βασιλείαν, « Εἰ τοῖς μὲν φίλοις, ἔφη, μεταδιδοίη παρρησίας δικαίας, τοὺς δὲ ἀρχομένους κατὰ δύναμιν μὴ περιορώη ἀδικουμένους. »

THÈME 13.

I. Εὐαγόρας τοσοῦτον ταῖς τοῦ σώματος καὶ ταῖς τῆς ψυχῆς ἀρεταῖς διήνεγκεν, ὥστε, ὁπότε μὲν αὐτὸν ὁρῷεν οἱ τότε βασιλεύοντες, ἐκπλήττεσθαι καὶ φοβεῖσθαι περὶ τῆς ἀρχῆς· ὁπότε δὲ εἰς τοὺς τρόπους ἀποβλέψαιεν, οὕτω σφόδρα πιστεύειν, ὥστε καί, εἴ τις ἄλλος τολμῴη περὶ αὐτοὺς ἐξαμαρτάνειν, νομίζειν Εὐαγόραν αὐτοῖς ἔσεσθαι βοηθόν.

II. Οἱ ποιηταὶ τοιούτους λόγους περὶ τῶν θεῶν εἰρήκασιν, οὓς οὐδεὶς ἂν περὶ τῶν ἐχθρῶν τολμήσειε λέγειν.

THÈME 14.

I. Εὐκλείδης ὁ Σωκρατικὸς, ἀκούσας τοῦ ἀδελφοῦ λέγοντος : « Ἀπολοίμην, εἰ μή σε τιμωρησαίμην! — Ἐγὼ δὲ, εἶπεν, εἰ μή σε φιλεῖν ἡμᾶς πείσαιμι! »

II. Εἴ τις τὸν τῆς εὐκλείας ἔρωτα ἐκϐάλοι ἐκ τοῦ βίου, τί ἂν ἔτι ἀγαθὸν ἡμῖν γένοιτο, ἢ τίς ἄν τι λαμπρὸν ἐργάσασθαι ἐπιθυμήσειεν.

III. Τῷ αὐτῷ φυσήματι τὸ μὲν πῦρ ἀνακαύσειας ἂν, καὶ μεῖζον ποιήσειας ἐν βραχεῖ, καὶ τὸ τοῦ λύχνου φῶς ἀποσϐέσειας.

IV. Μάλιστα ἂν εὐδοκιμοίης, εἰ φαίνοιο ταῦτα μὴ πράττων, ἃ τοῖς ἄλλοις ἂν πράττουσιν ἐπιτιμῴης.

V. Εἰ ἅπαντες μιμησαίμεθα τὴν Λακεδαιμονίων ἀργίαν καὶ πλεονεξίαν, εὐθὺς ἂν ἀπολοίμεθα · εἰ δὲ τοῖς τῶν Αἰγυπτίων χρῆσθαι νομίμοις βουληθείημεν, εὐδαιμόνως ἂν τὸν βίον διατελοῖμεν.

VI. Οὐκ ἂν δύναιο, μὴ καμὼν, εὐδαιμονεῖν.

INFINITIF. — PRÉSENT.

THÈME 15.

I. Ἐδιδάχθη Ἡρακλῆς ἁρματηλατεῖν μὲν ὑπὸ Ἀμφιτρύωνος · παλαίειν δὲ ὑπὸ τοῦ Αὐτολύκου · τοξεύειν δὲ ὑπὸ Εὐρύτου · ὁπλομαχεῖν δὲ ὑπὸ Κάστορος · κιθαρῳδεῖν δὲ ὑπὸ Λίνου · οὗτος δὲ ὑπὸ Ἡρακλέους τῇ κιθάρᾳ πληγεὶς ἀπέθανεν · ἐπιπλήξαντα γὰρ αὐτὸν ὀργισθεὶς ἀπέκτεινεν.

II. Μέγα κακὸν τὸ μὴ δύνασθαι φέρειν κακόν.

THEME 16.

I. Πυθαγόρας λέγεται παρεγγυᾶν τοῖς μαθηταῖς τοὺς πρεσϐυτέρους τιμᾶν, μὴ ὀμνύναι Θεοὺς, φυτὸν ἥμερον μήτε φθείρειν, μήτε σίνεσθαι, μνήμην ἀσκεῖν, ἐν ὀργῇ μήτε τι λέγειν, μήτε πράσσειν, ἀνομίᾳ πολεμεῖν.

II. Χείλων, εἷς τῶν ἑπτὰ σοφῶν, προςέταττε γλώττης κρατεῖν, μὴ κακολογεῖν τοῖς πλησίον, γῆρας τιμᾶν, ζημίαν αἱρεῖσθαι μᾶλλον ἢ κέρδος αἰσχρὸν, ἀτυχοῦντι μὴ ἐπιγελᾶν, νόμοις πείθεσθαι.

AORISTE PARFAIT.

THÈME 17.

I. Κάδμον φασὶ τὸν Ἀγήνορος ἐκ Φοινίκης ὑπὸ τοῦ βασιλέως ἀποσταλῆναι πρὸς ζήτησιν τῆς Εὐρώπης, ἐντολὰς λαβόντα, ἢ τὴν παρθένον ἀγαγεῖν, ἢ μὴ ἀνακάμπτειν εἰς τὴν Φοινίκην· μὴ δυνάμενον δὲ ἀνευρεῖν, ἀπογνῶναι τὴν ἐς οἶκον ἀνακομιδὴν, καὶ κατά τινα χρησμὸν κτίσαι τὰς Θήβας· ἐνταῦθα δὲ κατοικήσαντα γῆμαι μὲν Ἁρμονίαν, γεννῆσαι δὲ ἐξ αὐτῆς Σεμέλην, καὶ Ἰνὼ, καὶ Αὐτονόην, καὶ Ἀγαύην.

THÈME 18.

I. Λέγεται Ἐμπεδοκλῆς εἰς τοὺς κρατῆρας τῆς Αἴτνης ἐνάλασθαι, καὶ ἀφανισθῆναι, βουλόμενος τὴν περὶ αὐτοῦ φήμην βεβαιῶσαι, ὅτι γεγόνοι θεός· ὕστερον δὲ γνωσθῆναι, ἀναρριπισθείσης αὐτοῦ μιᾶς τῶν κρηπίδων· χαλκᾶς γὰρ εἴθιστο ὑποδεῖσθαι.

II. Τὸ μὲν ἐγκαλέσαι καὶ ἐπιτιμῆσαι ῥάδιον· τὸ δὲ ὅπως τὰ παρόντα βελτίω γένηται συμβουλεῦσαι, τοῦτ' ἔμφρονος συμβούλου ἔργον.

III. Θεὸν μὲν νοῆσαι χαλεπὸν, φράσαι δὲ ἀδύνατον· τὸ γὰρ ἀσώματον σώματι σημῆναι ἀδύνατον.

THÈME 19.

I. Οἱ Ἀθηναῖοι τὸν Ἐριχθόνιον ἐκ τῆς γῆς ἀναδοθῆναί φασι, καὶ τοὺς πρώτους ἀνθρώπους ἐκ τῆς Ἀττικῆς ἀναφῦναι· οἱ Θηβαῖοι δὲ ἐξ ὄφεως ὀδόντων ἄνδρας ἀναβεβλαστηκέναι λέγουσιν.

II. Οἱ Νάξιοι μυθολογοῦσι τὸν Διόνυσον παρ' αὐτοῖς τραφῆναι καὶ διὰ τοῦτο τὴν νῆσον αὐτῷ γεγονέναι προςφιλεστάτην.

III. Λόγος ἐστὶ Δῆλον τὴν νῆσον, πρὶν μὲν ἀνθρώποις φανῆναι τὸν Ἀπόλλωνα, τῷ πελάγει κρύπτεσθαι, φανέντος δὲ τοῦ Θεοῦ, ἀναδραμεῖν ἐκ τῶν βυθῶν, καὶ στῆναι ἐν μέσοις τοῖς κύμασιν.

THÈME 20.

I. Ἀναξαγόρας λέγεται ἀσεβείας κριθῆναι, διότι τὸν ἥλιον μύδρον ἔλεγε διάπυρον· ἀπολογησαμένου δὲ ὑπὲρ αὐτοῦ Περικλέους, πέντε ταλάντοις ζημιωθῆναι, καὶ φυγαδευθῆναι.

II. Σχολαστικὸς νοσοῦντα ἐπισκεπτόμενος, ἠρώτα περὶ τῆς ὑγιείας· ὁ δὲ οὐκ ἠδύνατο ἀποκριθῆναι· ὀργισθεὶς οὖν, « Ἐλπίζω, ἔφη, κἀμὲ νοσήσειν, καὶ ἐλθόντι σοὶ μὴ ἀποκρινεῖσθαι. »

III. Λέγεται τὴν Χίμαιραν τραφῆναι μὲν ὑπὸ Ἀμισωδάρου, γεννηθῆναι δὲ ἐκ Τυφῶνος καὶ Ἐχίδνης.

IV. Ξέρξης, ὡς ἐπύθετο τὸν Ἑλλήσποντον ἐζεῦχθαι, καὶ τὸν Ἄθω διεσκάφθαι, προῆγεν ἐκ τῶν Σάρδεων.

V. Ὁ Πλάτων τοῖς μεθύουσι συνεβούλευε κατοπτρίζεσθαι· ἀποστήσεσθαι γὰρ τῆς τοιαύτης ἀσχημοσύνης.

PARTICIPE.

PRÉSENT. AORISTE. PARFAIT.

THÈME 21.

I. Καὶ ζῶν ὁ φαῦλος καὶ θανὼν κολάζεται.

II. Οἱ δελφῖνες ἀνασκιρτῶντες χειμῶνα ἐπιόντα μηνύουσιν.

III. Οἱ περὶ τὴν Σαλαμῖνα διατρίβοντες Ἀθηναῖοι, θεωροῦντες τὴν Ἀττικὴν πυρπολουμένην, καὶ τὸ τέμενος τῆς Ἀθηνᾶς ἀκούοντες κατεσκάφθαι, δεινῶς ἠθύμουν.

IV. Δαίδαλος πρῶτος τῶν ἀγαλμάτων τὰ σκέλη διαβεβηκότα, καὶ τὰς χεῖρας διατεταμένας ποιῶν, ζῶντα ἀγάλματα κατασκευά-

ζεσθαι ἐλέγετο · οἱ γὰρ πρὸ αὐτοῦ τεχνῖται κατεσκεύαζον τὰ ἀγάλματα τοῖς μὲν ὄμμασι μεμυκότα, τὰς δὲ χεῖρας ἔχοντα καθειμένας,
καὶ ταῖς πλευραῖς κεκολλημένας.

THÈME 22.

I. Βασκάνου τινὸς ἐσκυθρωπακότος, ὁ Βίων, « Ἢ τούτῳ, ἔφη,
κακὸν γέγονεν, ἢ ἄλλῳ ἀγαθόν. »

II. Ὁ αὐτὸς πρὸς τὸν τὰ χωρία κατεδηδοκότα, « Τὸν μὲν Ἀμφιά-
ραον, ἔφη, ἡ γῆ κατέπιε, σὺ δὲ τὴν γῆν. »

III. Τὸν Μίνω βεβασιλευκότα νομιμώτατα, καὶ μάλιστα δι-
καιοσύνης πεφροντικότα, δικαστὴν καθ' ᾅδου ἀποδεδεῖχθαι λέγουσι.

IV. Τὰ παιδία, ἄχρι γένηται τετταράκοντα ἡμερῶν, ἐγρηγορότα
μὲν οὐ γελᾷ, οὐδὲ δακρύει, ὑπνοῦντα δὲ ἀμφότερα.

THÈME 23.

I. Λάμαχος ἐπετίμα τινὶ τῶν λοχαγῶν ἁμαρτόντι · τοῦ δὲ
φήσαντος μηκέτι τοῦτο ποιήσειν, « Οὐκ ἔστιν, εἶπεν, ἐν πολέμῳ δὶς
ἁμαρτεῖν. »

II. Δημοσθένης, λοιδορουμένου τινὸς αὐτῷ, « Οὐ συγκαταβαίνω,
εἶπεν, εἰς ἀγῶνα, ἐν ᾧ ὁ ἡττώμενος τοῦ νικῶντός ἐστι κρείττων. »

III. Εἴ τις οἴεται τερπνότερον εἶναι τὸν ἐν ἄστει βίον τοῦ ἐν
ἀγροῖς, ἐνθυμηθήτω πρὸς ἑαυτὸν, οἷον μέν ἐστι βότρυς ὁρᾷν ἐξ ἀμπέ-
λου κρεμαμένους, οἷον δὲ ἰδεῖν λήϊα ζεφύρων αὔραις κινούμενα, οἷον
δὲ ἀκοῦσαι βοῶν μυκωμένων καὶ προβάτων βληχωμένων, οἷον δὲ
θέαμα δαμάλεις σκιρτῶσαι καὶ ἕλκουσαι γάλα · ἐμοὶ γὰρ δοκεῖ
τὰ ἐν τοῖς θεάτροις δεικνύμενα μηδὲν εἶναι πρὸς τὴν ἀπ' ἐκείνων
ἡδονήν.

THÈME 24.

I. Μυθολογοῦσι τὴν Δήμητραν, μὴ δυναμένην εὑρεῖν τὴν θυγατέρα, λαμπάδας ἐκ τῶν κατὰ τὴν Αἴτνην κρατήρων ἀναψαμένην,
ἐπελθεῖν ἐπὶ πολλὰ μέρη τῆς οἰκουμένης, τῶν δ' ἀνθρώπων τοὺς

μάλιστα ταύτην προςδεξαμένους εὐεργετῆσαι, τὸν τῶν πυρῶν καρπὸν ἀντιδωρησαμένην.

II. Τοῦ Κρόνου τὰ ἑαυτοῦ τέκνα κατεσθίοντος, ὁ Ζεὺς, κλαπεὶς ὑπὸ τῆς Ῥέας, καὶ ἐς τὴν Κρήτην ἐκτεθεὶς, ὑπ' αἰγὸς ἀνετράφη.

III. Ὁ Ἴκαρος, ὁ τοῦ Δαιδάλου υἱὸς, τακέντος αὐτῷ τοῦ κηροῦ, καὶ τῶν πτερῶν περιρρυέντων, εἰς τὸ πέλαθος ἐνέπιπτεν.

IV. Περικλῆς ἔλεγεν ὡς δένδρα μὲν τμηθέντα καὶ κοπέντα ταχέως φύεται, οὐ δὲ ῥάδιον ἐστὶν ἄνδρας διαφθαρέντας αὖθις τυχεῖν.

THÈME 25.

I. Τῶν Τρώων πολιορκουμένων, Ἐπειὸς κατὰ τὴν Ἀθηνᾶς προαίρεσιν δούρειον ἵππον κτίζει, Σίνων δὲ αἰκισθεὶς κατάσκοπός εἰς Ἴλιον παραγίνεται. Ἔπειτα τοὺς ἀρίστους εἰς τὸν δούρειον ἵππον ἐμβιβάσαντες καὶ σκηνὰς καταφλέξαντες οἱ λοιποὶ τῶν Ἑλλήνων εἰς Τένεδον ἀνάγονται. Οἱ δὲ Τρῶες τῶν κακῶν ἀπαλλαχθῆναι ὑπολαβόντες εἰς τὴν πόλιν τὸν δούρειον ἵππον ἀναδέχονται μέρος τι τοῦ τείχους διελόντες.

II. Οἱ Τρῶες τὰ περὶ τὸν δούρειον ἵππον ὑπόπτως ἔχοντες ὅ τι χρὴ ποιεῖν περιστάντες βουλεύονται. Τοῖς μὲν αὐτὸν κατακρημνίζειν, τοῖς δὲ καταφλέγειν δοκεῖ· οἱ δὲ ἔφασαν δεῖν αὐτὸν ἱερὸν ἀνατεθῆναι, καὶ τέλος τούτων ἡ γνώμη νικᾷ. Τραπέντες δὲ τότε εἰς εὐφρασύνην εὐωχοῦνται ὡς τοῦ πολέμου ἀπηλλαγμένοι.

III. Ἐν αὐτῷ δὲ χρόνῳ δύο δράκοντες ἐπιφανέντες Λαοκοῶντά τε καὶ τὸν ἕτερον τῶν αὐτοῦ παίδων διαφοροῦσιν. Οἱ δὲ περὶ Αἰνείαν, ἐπὶ τῷ τέρατι δυςφορήσαντες, εἰς Ἴδην ὑπεξῆλθον, Σίνων δὲ πρότερον προςποίητος εἰσεληλυθὼς τοὺς πυρσοὺς τοῖς Ἀχαίοις ἀνίσχει. Οἱ δὲ ἐκ Τενέδου προςπλεύσαντες, καὶ οἱ ἐκ τοῦ δουρείου ἵππου ἐξελθόντες ἐπιπίπτουσι τοῖς πολεμίοις, καὶ πολλοὺς ἀνελόντες, κατὰ κράτος τὴν πόλιν λαμβάνουσι.

EXERCICES GÉNÉRAUX

ou

RÉCAPITULATION

DE THÈMES TIRÉS DE L'HISTOIRE ROMAINE D'EUTROPE.

I.

Περὶ τῆς Ῥώμης κτίσεως. (754-753 av. J. C.)

Τῆς Ῥωμαϊκῆς βασιλείας ἐν προοιμίοις οὐδὲν ἐγένετο μεῖόν τε καὶ ταπεινότερον · τῇ δὲ κατὰ μικρὸν αὐξήσει, καὶ ταῖς ἀεὶ προςθήκαις, κατὰ τὴν οἰκουμένην ἅπασαν, οὐδὲν οὔτε μεῖζον οὔτε δυνατώτερον ἡ μνήμη τῶν ἀνθρώπων φέρει · ταύτης τὴν πρώτην κρηπῖδα κατεβάλετο Ῥωμύλος, ὃς ἐκ Ῥέας Σιλβίας, οὕτω καλουμένης ἑστιακῆς παρθένου, τῷ Ἄρει συνοικησάσης, ὡς ὁ πολὺς κατεῖχε λόγος, ἐκ διδύμου γονῆς σὺν ἀδελφῷ Ῥέμῳ προῆλθεν εἰς φῶς.

Οὗτος ὀκτωκαίδεκα γεγονὼς ἔτη, βίον τε ἔχων τοῖς ποιμέσι συλλῃστεύειν, ἐλάχιστόν τι πολίχνιον ἐπὶ τοῦ ὄρους τοῦ Παλαντίου κατεστήσατο, τῇ πρὸ ἔνδεκα καλανδῶν μαΐων [1], ἔτει τρίτῳ τῆς ἕκτης ὀλυμπιάδος, τῆς δὲ Ἰλίου καταστροφῆς ἔτει τετάρτῳ καὶ ἐννενηκοστῷ καὶ τριακοσιοστῷ.

1. Pæanius dit πρώτῃ τοῦ μαΐου μηνός, date contraire au texte d'Eutrope et des meilleurs auteurs. J'ai suivi Plut. *in Rom.* t. I, p. 42, edit. H. Steph.

II.

Τὰ ἑξῆς.

Οἰκίσας δὲ τὴν πόλιν, καὶ καλέσας αὐτὴν ἐξ αὐτοῦ Ῥώμην, πρῶτον μὲν πολὺ πλῆθος ἐκ τῶν περιοίκων εἰςεδέξατο, ἔπειτα δὲ τοὺς προβεβηκότας εἰς ἡλικίαν ἐκλεξάμενος, τούτους ἐπέστησε τοῖς λοιποῖς ἡγεμόνας τῶν πρακτέων, σενάτωρας αὐτοὺς καλέσας διὰ τὸ γῆρας.

Ἀλλ' ἐπειδὴ αὐτός τε καὶ τὸ πλῆθος ἐστεροῦντο γυναικῶν, παρακαλέσας ὡς ἐπί τινα θέαν γειτνιῶντα τῶν ἐθνῶν, τὰς παρθένους αὐτῶν ἥρπασε· πόλεμον δὲ τὸ ἔργον ἐκίνησεν, οὗ συστάντος, ἡττῶνται Καινιναῖοι, καὶ Ἀντεμνάται, Κρουστουμῖνοι, Σαβῖνοι, Φιδηνάται, Βέειοι· ταύταις ἔτι καὶ νῦν ἡ Ῥώμη ταῖς πόλεσι περιεστεφάνωται.

Τούτων οὕτω πραχθέντων, χειμὼν ἐξαίφνης ἐπελθὼν, ἀφανῆ τὸν Ῥωμύλον ἐποίησεν· ἐξ ἐκείνου δὲ εἰς τόδε πεπίστευται πρὸς θεοὺς ἀνειλῆφθαι· καθιερώθη οὖν παρὰ τῶν ἀρχομένων, ἔτη βασιλεύσας αὐτῶν ἑπτὰ καὶ τριάκοντα· καὶ τέως μὲν τὴν πόλιν διεῖπον καὶ τὴν βασιλείαν ἐπετρόπευον οἱ καλούμενοι σενάτωρες, ἐπὶ ἐνιαυτὸν ὅλον ἐξ ἀμοιβῆς δι' ἡμερῶν πέντε, τῆς ἐπιτροπείας ἀπ' ἄλλων εἰς ἄλλους μεθισταμένης.

III.

Νουμᾶς Πομπίλιος δεύτερος τῶν Ῥωμαίων βασιλεύς.
(An 37 de R. = 716 av. J. C.)

Μετὰ δὲ τὸν ἐνιαυτὸν, Νουμᾶς Πομπίλιος ἀνερρέθη βασιλεύς· οὗτος πολέμου μὲν ἀπέσχετο παντὸς, τῇ Ῥώμῃ δὲ οὐχ ἧττον ἢ Ῥωμύλος ἐγένετο χρήσιμος· νόμους τε γὰρ αὐτοῖς ἔθηκεν, ἔθη τε παρέδωκεν, ἀφ' ὧν, λησταί τινες πρότερον ὑπειλημμένοι καὶ μιξοβάρβαροι, ἀμεινόνων ἀνδρῶν δόξαν ἐκτήσαντο· ἐνιαυτόν τε πρῶτος εὕρατο, εἰς δώδεκα μῆνας τὴν ἡλιακὴν κατανείμας περίοδον, χύδην τε καὶ ἀκατανοήτως παντάπασι πρὸ αὐτοῦ παρὰ Ῥωμαίοις φερομένην [1]· πάμπολλα δὲ ἱερὰ αὐτοῖς ἐτέλεσε, ναούς τε κατεσκεύασεν. Οὕτω δὲ διαθεὶς τὴν πόλιν, τεσσαρακοστῷ καὶ τρίτῳ τῆς βασιλείας ἔτει, νοσήσας ἐτελεύτησε.

IV.

Τοῦλλος Ὁστίλλιος τρίτος τῶν Ῥωμαίων βασιλεύς.
(An 82 de R. = 672 av. J. C.)

Τρίτος διαδέχεται τὴν βασιλείαν Τοῦλλος Ὁστίλλιος· ὑπὸ τούτῳ πάλιν ἡ περὶ τοὺς πολέμους ἐπανῆλθε σπουδή. Νικῶνται γοῦν Ἀλβανοὶ μάχῃ, τῆς Ῥώμης δυοκαίδεκα διεστῶτες σημείοις· εἶτ᾽ ἐφεξῆς ἡττῶνται Βέειοι, καὶ οἱ ἀπὸ Φιδήνης, οἱ μὲν ἐξ χωριζόμενοι σημείοις, οἱ δὲ ὀκτωκαίδεκα. Μετὰ ταύτας δὲ τὰς νίκας, καὶ τὴν πόλιν ηὔξησε, τὸν Κέλλιον αὐτῇ προςθεὶς λόφον· ἐπὶ τούτοις τοῖς ἔργοις τριάκοντα καὶ δύο τὴν ἀρχὴν κατασχὼν ἐνιαυτούς, κεραυνοῦ πεσόντος, συγκατεφλέχθη τῇ βασιλικῇ στέγῃ.

V.

Ἄγκος Μάρκιος τέταρτος τῶν Ῥωμαίων βασιλεύς.
(An 114 de R. = 640 av. J. C.)

Τέταρτος παρῆλθεν ἐπὶ τὴν ἀρχὴν Ἄγκος Μάρκιος, ἔκγονος ἀπὸ θυγατρὸς τοῦ Νουμᾶ Πομπιλίου. Οὗτος ἤρατο πόλεμον πρὸς Λατίνους, καὶ τῇ πόλει συνῆψε τὸν Ἀβάντινον λόφον, Ἰανίκουλόν τε· πολίχνην ἐδείματο ἐπὶ θαλάσσης πρὸς ταῖς τοῦ Θύμβριδος ἐκβολαῖς, αἳ τῆς Ῥώμης ἓξ καὶ δέκα διεστήκασι σημείοις· τετάρτῳ τε καὶ εἰκοστῷ τῆς βασιλείας ἔτει, νόσῳ διεφθάρη.

---

1. Passage emprunté à Suidas pour suppléer Pæanius.

VI.

Ταρκύνιος ὁ Πρίσκος πέμπτος τῶν Ῥωμαίων βασιλεύς.
(An 138 de R. = 616 av. J. C.)

Διεδέξατο δὲ τὴν βασιλείαν Ταρκύνιος ὁ Πρίσκος ὀνομαζόμενος. Οὗτος τὸ μὲν τῆς συγκλήτου συνέδριον διπλάσιον ἐποίησε τῷ τῶν σωμάτων ἀριθμῷ· καὶ τῇ πόλει δὲ τὸν Ἱππόδρομον ᾠκοδόμησε· θεάτρων τε ἐνεστήσατο τέρψιν, Ῥωμάνην καλέσας τὴν Θέαν, ἥτις ἐξ ἐκείνου καὶ εἰς τόδε τελεῖται, τὴν αὐτὴν ἔχουσα προσηγορίαν. Ἔτι δὲ Σαβίνους εἷλε μάχῃ· καὶ πολλῆς αὐτοὺς ἀφελόμενος γῆς, προςεκύρωσε τῇ Ῥώμῃ· πρῶτος δὲ θριαμβεύων εἰς τὴν Ῥώμην εἰςῆλθεν. Τείχη τε ἐδείματο, καὶ τὰς ὑδρορρόας· καὶ τῆς τοῦ Καπιτωλίου κατασκευῆς ἤρξατο· ὀκτώ τε ἐπὶ τοῖς τριάκοντα βασιλεύσας ἐνιαυτοὺς, τοῦ βίου τὴν τελευτὴν ἐδέξατο παρ' Ἄγκου υἱῶν, παρ' οὗ τὴν βασιλείαν αὐτὸς ἀνεδέξατο.

VII.

Σερούϊος Τούλλιος ἕκτος τῶν Ῥωμαίων βασιλεύς.
(An 176 de R. = 578 av. J. C.)

Ἕκτος ὑποδέχεται τὴν ἀρχὴν Σερούϊος Τούλλιος, ἐξ ἐπισήμου γεγονὼς μητρός· ἣ καὶ αἰχμαλωσίας καὶ δουλείας περιέπεσε τύχῃ. Οὗτος ὑπηγάγετο Σαβίνους, καὶ τρισὶ λόφοις ηὔξησε τὴν πόλιν, τῷ Κυριναλίῳ, καὶ τῷ Βιμιναλίῳ, καὶ τῷ Ἐσκυλίνῳ· τάφρους τε ὤρυξε πρὸ τοῦ τείχους κύκλῳ· καὶ ταῖς ἀπογραφαῖς τῶν σωμάτων ἔδωκεν ἀρχὴν, οὔπω παρ' οὐδενὶ τῶν ἐθνῶν ἐγνωσμέναις. Ἀπογραφέντες οὖν οἱ τὴν Ῥώμην οἰκοῦντες ὑπ' αὐτῷ, συνήχθησαν εἰς ἀριθμὸν ὀγδοήκοντα τριῶν χιλιάδων, μετὰ τῶν ἐν τοῖς ἀγροῖς οἰκούντων· τελευτὴν μέντοι τοῦ βίου ἐδέξατο παρὰ τοῦ γαμβροῦ Ταρκυνίου· παῖς δὲ ἦν οὗτος Ταρκυνίου τοῦ Πρίσκου, παρ' οὗ τὴν βασιλείαν ὁ σφαγεὶς οὗτος ἐδέξατο. Πρὸς τούτοις ἡ Τουλλίου θυγάτηρ, Ταρκυνίῳ γαμηθεῖσα, πατροκτονίας μετέσχε [1].

VIII.

Ταρκύνιος ὁ Σούπερβος ἕβδομός τε καὶ ὕστατος Ῥωμαίων βασιλεύς. (An 220 de R. = 534 av. J. C.)

Ἐπιλαμβάνεται δὴ τῆς βασιλείας οὗτος ὁ Σούπερβος Ταρκύνιος, ἕβδομός τε ὢν τῶν βασιλέων καὶ ὕστατος · καὶ νικᾷ μὲν Βολούσκους, ἔθνος ὃν ἐπὶ τὴν Καμπανίαν, οὐ πόῤῥω τῆς Ῥώμης · αἴρει δὲ ἐπὶ τούτοις Γαβίαν καὶ Σύεσσαν τὴν Πομητίαν πόλεις · ἔθετό τε μετὰ Τούσχων σπουδάς · ναόν τε ᾠκοδόμησεν ἐν τῷ καλουμένῳ Καπιτωλίῳ.

Μετὰ ταῦτα, πολιορκῶν τὴν Ἄρδεαν, πολίχνην δέκα καὶ ὀκτὼ σημείοις πόῤῥω τῆς Ῥώμης, τὴν ἀρχὴν ἀπέβαλεν · ὁ γὰρ ὁμώνυμος αὐτοῦ παῖς ἐπιφανῆ γυναῖκα Λουκρητίαν, ἧς πολὺς ἦν ἐπὶ σωφροσύνῃ λόγος, Ταρκυνίῳ Κολλατίνῳ συνοικοῦσαν, ἐβιάσατο. Τοῦτο ἐξήγγειλεν ἡ Λουκρητία τῷ τε ἀνδρὶ καὶ τῷ πατρί, καὶ ὀδυραμένη τὸ πάθος, ἐν ὀφθαλμοῖς αὐτῶν ἑαυτὴν διεχρήσατο.

Ἐνταῦθα δὲ ὁ Βροῦτος, γένει προσήκων τῷ Ταρκυνίῳ, τὸν δῆμον ἀθροίσας, ἀφαιρεῖται τῆς βασιλείας τὸν Ταρκύνιον · τούτου δὲ παραυτίκα ἡ στρατιά, μεθ᾽ ἧς ἐπολιόρκει τὴν Ἄρδεαν, ἀπέστη · καὶ οὐκέτι προσδέχονται παραγενηθέντα τὸν Ταρκύνιον [2] · τετάρτῳ τε καὶ εἰκοστῷ ἔτει βασιλείας, μετὰ τῆς γαμετῆς καὶ τῶν παίδων, φυγὴν ἑαυτοῦ κατεψηφίσατο. Οὕτως ὑπὸ βασιλεῦσιν ἑπτά, τοῖς ὅλοις ἔτεσι διακοσίοις τεσσαράκοντα καὶ τρισί, τὰ τῆς Ῥώμης διῳκήθη πράγματα · μικρὰ δὲ ἦν ἔτι τὰ τῆς δυνάμεως ὄντα, τῶν ὁρίων αὐτῆς οὐδαμόθεν ὑπὲρ πεντεκαίδεκα σημείων ἐκτεινομένων.

---

1. Cette dernière phrase ne se trouve pas dans la version de Pæanius.
2. J'ai emprunté cette phrase à Denys d'Halicarnasse, *Ant. Rom.*, liv. IV, ch. 85, t. II, p. 842, lig. 2, édit. Reiske. Soit différence de texte, soit omission, le passage d'Eutrope ne se trouve pas rendu dans la version de Pæanius.

IX.

Οἱ ὕπατοι. (An 245 de R. = 509 av. J. C.)

Ἐντεῦθεν τὸ μετὰ τῶν βασιλέων ἐπαύσατο, μετηνέχθη δὲ εἰς τὴν τῶν ὑπάτων ἀρχήν · δύο δὲ ἦσαν οὗτοι, καὶ ἐτήσιοι · ὥστε κἂν ἕτερον φαῦλον συμβαίνῃ [1] εἶναι, τὸν ἕτερον ἰσότιμον ὄντα κατασχεῖν, τῷ δὲ χρόνῳ περαιουμένην μετριωτέραν εἶναι τὴν δυναστείαν · ἀνάγκη γὰρ ἦν ἀρίστους εἶναι δημαγωγούς, εἰδότας ὡς μετὰ τὸν χρόνον ἔσονται τῶν ἀρχομένων.

Γίνονται τοίνυν ὕπατοι τῷ πρώτῳ ἔτει μετὰ τοὺς βασιλεῖς Λούκιος Ἰούνιος Βροῦτος, ὁ τῆς Ταρκυνίου μάλιστα καθαιρέσεως αἰτιώτατος, καὶ Ταρκύνιος Κολλατῖνος, ὁ τῆς Λουκρητίας ἀνήρ · ἀλλ' ὁ Κολλατῖνος εὐθὺς τῆς ἐξουσίας ἀφῃρέθη · ἔδοξε γὰρ μηδένα ἐπὶ τῆς Ῥώμης εἶναι Ταρκύνιον ὀνομαζόμενον · καὶ τὴν οὐσίαν λαβὼν ἅπασαν, ἀπῴκησεν ἐκ τῆς πόλεως · ἀντικατέστη δὲ αὐτῷ Λούκιος Οὐαλέριος Πουβλικόλας.

X.

Ὅτι ὁ Ταρκύνιος ἐπηγάγετο τῇ Ῥώμῃ πόλεμον.

Τούτων οὖν τὴν ὕπατον ἐχόντων ἀρχὴν, ὁ τῆς βασιλείας ἀφαιρεθεὶς Ταρκύνιος ἐπηγάγετο τῇ Ῥώμῃ πόλεμον · καὶ συναγείρας ἔθνη πολλὰ, δι' ὅπλων ἔσπευδεν ἐπανελθεῖν εἰς τὴν βασιλείαν · ὡς δὲ τὸ πρῶτον συνέμιξαν, ὁ μὲν Βροῦτος καὶ ὁ Ταρκυνίου παῖς ἀλλήλους ἀνεῖλον · οἱ δὲ λοιποὶ Ῥωμαῖοι τῇ μάχῃ νικήσαντες ἀνεχώρησαν ἐπ' οἴκου · αἱ τοίνυν γυναῖκες τὸν Βροῦτον [2], ὡς τῆς σεμνότητος καὶ σωφροσύνης ὑπέρμαχόν τε καὶ προστάτην, ἐνιαυσιαίῳ πένθει, καθάπερ πατέρα κοινὸν, ἐτίμησαν.

---

1. Le texte de Pæanius porte : ὥστε κἂν ἕτερον φαῦλον εἶναι, καταφυγεῖν ἐπὶ τὸν ἕτερον.

2. Ce mot se trouve omis dans la version de Pæanius.

Πουβλικόλας δὲ Σπούριον Λουκρήτιον Τρικιπιτῖνον κοινωνὸν ἑαυτῷ
καὶ συνύπατον ἐχειροτόνησε, τὸν πατέρα τῆς Λουκρητίας. Τούτου δὲ
ὑπεξελθόντος νόσῳ τοῦ βίου [1], αὖθις Ὁράτιον Πούλβιλλον συνῆψε
ἑαυτῷ πρὸς τὴν ὕπατον ἀρχήν. Οὕτω δὴ συνέβη τὸν πρῶτον τῶν
ὑπάτων ἐνιαυτὸν πέντε σχεῖν ὑπάτους, Ταρκυνίου Κολλατίνου διὰ τὴν
προςηγορίαν ἀποικήσαντος [2], Βρούτου δὲ πεσόντος ἐν τῇ μάχῃ, Λου-
κρητίου δὲ τὴν ἐκ τῆς ἀῤῥωστίας τελευτὴν ὑπομείναντος.

XI.

Ὅτι ὁ Ταρκύνιος αὖθις τοῖς Ῥωμαίοις ἐπολέμησε.
(An 246 de R. = 508 av. J. C.)

Τῷ δευτέρῳ δὲ μετὰ τοὺς βασιλέας ἔτει, Ταρκύνιος αὖθις ἐκίνησεν
ὅπλα κατὰ τῆς Ῥώμης ὑπὲρ τῆς βασιλείας, πρὸς συμμαχίαν ἐπικα-
λεσάμενος τὸν Πορσήναν· οὗτος δὲ ἦν Τούσκων βασιλεύς· καὶ μικροῦ
μὲν τῆς Ῥώμης κατεκράτησεν· ἡττηθεὶς ὅμως ἀπῆλθε.

Καὶ τρίτῳ μετὰ τοὺς βασιλέας ἐνιαυτῷ, ὡς εἶδεν αὐτῷ τὰ περὶ
τῆς βασιλείας οὐ χωροῦντα κατὰ νοῦν (ἤδη γὰρ καὶ Πορσήνας σπονδὰς ἐπεποίητο [3] πρὸς Ῥωμαίους), ἐν Τουσκόλῳ πολιχνίῳ, τῆς Ῥώμης
οὐ πόῤῥω, μεταστὰς σὺν τῇ γαμετῇ, τεσσαρεςκαίδεκα διετέλεσεν
ἐνιαυτούς, ἐκεῖ τε κατεγήρασε.

Τετάρτῳ δὲ μετὰ τοὺς βασιλέας ἔτει, Σαβῖνοι Ῥωμαίοις ἐπήγαγον
πόλεμον. Ἡττηθέντων δὲ αὐτῶν πανστρατί, οἱ Ῥωμαῖοι τὴν νίκην
ἐθριάμβευσαν.

Ἔτει πέμπτῳ Οὐαλέριος, ὁ Βρούτου συνύπατος, τετάρτην ἤδη πε-
πληρωκὼς ὑπατείαν, τὸ κοινὸν ὑπέμεινε τέλος, ἐν τοσαύτῃ πενίᾳ καὶ
ἀπορίᾳ τῶν ἀναγκαίων, ὥςτε ἐκ συνειςφορᾶς τοῦ δήμου τὴν ταφὴν

1. Le texte porte τὸν βίον, fautivement.
2. L'édit. d'Havercamp 1729 donne ἐπεωσθείς, forme inusitée. J'ai adopté
ἀποικήσαντος, proposé par Sylburg, et plus conforme au texte d'Eutrope, comme
à l'histoire.
3. L'édit. d'Havercamp donne ἐπιποίητο, fautivement.

αὐτοῦ γενέσθαι. Καὶ τοῦτον δὲ αἱ γυναῖκες, ὥσπερ τὸν Βροῦτον, ἐνιαύσιον [1] ἐπένθησαν χρόνον.

XII.

Ὅτι ἡρέθη δικτατούρα καὶ δημαρχία. (An 254-261 de R. = 500-493 av. J. C.)

Ἐννάτῳ μετὰ τοὺς βασιλέας ἔτει ὁ τοῦ βασιλεύσαντος Ταρκυνίου γαμϐρὸς, τιμωρῆσαι τῷ κηδεστῇ βουληθεὶς, παμμεγέθη στρατιὰν συνέλεξε. Τότε τοίνυν προςεπενοήθη τε καὶ ἡρέθη κατὰ τὴν Ῥώμην ἀρχή. Δικτατούραν αὐτὴν ἐκάλουν ἐπιχωρίως· αὕτη δὲ δυνατωτέρα τῆς μεγίστης ἦν.

Κατὰ δὲ τὸν αὐτὸν τοῦτον χρόνον καὶ ἄρχων ἱππέων ἀνεδείχθη· ἀκολουθεῖ δὲ καὶ αὐτὸς τῷ δικτάτωρι. Πρῶτος οὖν ἐγένετο δικτάτωρ Λάρκιος· μάγιστρος δὲ τῶν ἱππέων πρῶτος Σπούριος Κάσσιος.

Ἕκτῳ δὲ καὶ δεκάτῳ μετὰ τοὺς βασιλέας ἐνιαυτῷ στάσις ἐπέπεσε τῷ δήμῳ τῶν Ῥωμαίων, ἀγανακτοῦντι, καὶ δεινὰ πάσχειν ὑπό τε τῆς συγκλήτου καὶ τῶν ὑπάτων αἰτιωμένῳ· καὶ αὐτὸς αὐτῷ κατέστησε ἄρχοντας οἰκείους, καὶ οἰονεί τινας ἐκδίκους τοῦ πλήθους, οὓς δημάρχους ἐκάλεσε. Ἐπίστευσε δὲ ὁ δῆμος διὰ τούτων ἀσφάλειαν αὐτῷ πρὸς τὴν τῆς συγκλήτου καὶ τῶν ἀρχόντων ἐξουσίαν ὑπάρξειν.

Τῷ δὲ ἑξῆς ἐνιαυτῷ Βολοῦσκοι τὸν πόλεμον ἀνενεώσαντο, καὶ συμμίξαντες ἡττήθησαν, καὶ τὴν μεγίστην ἑαυτῶν πόλιν Κουριόλους ἀπώλεσαν, τῶν νικησάντων γενομένην.

---

1. Le texte porte : τὸν ἴσον χρόνον ἐπένθησαν, *elles portèrent son deuil un temps égal.* Je soupçonne que Pæanius faisait allusion à Junius Brutus, dont le nom peut-être aura disparu de sa traduction par quelque faute de copiste. Pour lever cette difficulté, j'ai fait un emprunt à Denys d'Halic. *A. R. liv. V, ch.* 48, t. II, p. 959, édit. Reiske.

XIII.

Κοριολάνος. (An 263 de R. = 491 av. J. C.)

Ὀκτωκαιδεκάτῳ γε μετὰ τοὺς βασιλέας ἔτει Κόϊντος Μάρκιος, ὁ τοῦ πολέμου τοῦ κατὰ Βολούσκων στρατηγός, ὁ καὶ τὴν πόλιν αὐτῶν ἑλὼν τοὺς Κοριόλους, ἀπολιπὼν τὴν Ῥώμην προςεχώρησε τοῖς Βολούσκοις, ὑπό τινος ὀργῆς τοῦτο παθών· καὶ πολὺ συνήγαγε συμμαχικόν, καὶ πολλάκις ἐνίκησε τοὺς οἰκείους. Καὶ πλησίον αὐτῆς ἐγένετο τῆς πόλεως ἀπὸ πέντε σημείων, ὡς αὐτίκα πολιορκήσων· πρεσβευσαμένων δὲ τῶν Ῥωμαίων, οὐ πρότερον ἔμελλε τῆς ὀργῆς λήξειν, ἢ τὴν αὐτοῦ μητέρα Βετουρίαν καὶ τὴν γαμετὴν Βολουμνίαν πρὸς αὐτὸν ἐλθεῖν. Γίνεται δὴ τοῦτο· καὶ τοῖς ὀδυρμοῖς τῶν γυναικῶν ἐπικλασθείς, ἀπεκίνησε τὸν στρατόν, καὶ δεύτερος οὗτος μετὰ τὸν βασιλέα Ταρκύνιον ὅπλα κατὰ τῆς πατρίδος ἐκίνησεν.

XIV.

Περὶ τῶν Φαβιανῶν. (An 276 de R. = 478 av. J. C.)

Φαβίου δὲ καὶ Βεργινίου τὴν ὑπατείαν ἐχόντων, τριακόσιοι τῆς Ῥώμης ἄνδρες ἐπιφανεῖς, ἐκ τῆς Φαβίου καταγόμενοι συγγενείας, αὐτοὶ καθ' ἑαυτοὺς κατὰ τῶν Βεεγέντων ἐξεστράτευσαν, ὑποσχόμενοι καὶ τῷ δήμῳ καὶ τῇ συγκλήτῳ τὸν πάντα κατορθώσειν πόλεμον. οὗτοι δὲ πάντες, ἀξιόχρεως ἕκαστος μεγάλης ἡγεμὼν εἶναι στρατιᾶς, πανωλεθρίᾳ διεφθάρησαν. Ἐκ τοσούτου δὲ τοῦ Φαβίου γένους εἷς ὑπελείφθη μόνος, ὃς οὐχ οἷός τε ἐγένετο διὰ τὴν νεότητα παραγενέσθαι τῇ μάχῃ.

Μετὰ ταῦτα γίγνεται τῶν σωμάτων πάλιν ἀπογραφὴ κατὰ τὴν πόλιν, καὶ συνηριθμήθη πλῆθος ἀνδρῶν, ἑκατὸν εἴκοσι, μιᾶς δεούσης, χιλιάδες.

XV.

Ὅτι χειροτονεῖται δικτάτωρ Κικιννάτος.
(An 296 de R. = 458 av. J. C.)

Τῷ δὲ ἑξῆς ἐνιαυτῷ κατὰ τὸ Ἄλγιδον ὄρος, δωδεκάτῳ τῆς πόλεως σημείῳ, ἐνεδρευθεὶς ὁ Ῥωμαϊκὸς στρατὸς συνεκλείσθη · χειροτονεῖται τοίνυν δικτάτωρ Λούκιος Κοΐντιος Κικιγνάτος. Ἀγρὸν δὲ ἔχων τετρά-πλεθρον ὁ Κικιννάτος, καὶ τοῦτον αὐτῷ σώματι γεωργῶν, ἐφεστηκώς τε ἀρότρῳ, παρέλαβε τὴν ἐξουσίαν · καὶ τὸν ἱδρῶτα τὸν ἀπὸ τῆς γηπονίας ἀπομορξάμενος, τό τε σχῆμα μεταβαλὼν, τραβέαν ἐνέδυ [1] · καὶ τοὺς πολεμίους ἀπολέσας, ἠλευθέρωσε τὴν στρατιάν.

XVI.

Περὶ τῶν δεκανδρικῶν. (An 301-303 de R. = 453-451
av. J. C.)

Τριακοσιοστῷ δὲ ἑνὶ μετὰ τὸν τῆς Ῥώμης συνοικισμὸν ἐνιαυτῷ, τὸ τῶν ὑπάτων μετεβάλετο εἰς ἑτέραν ἀρχήν. Ἀντὶ γὰρ τῶν ὑπάτων δέκα κατέστησαν, οἷς πᾶσα τῆς πόλεως ἐπετράπη διοίκησις · ἐκα-λοῦντο δὲ οὗτοι δεκανδρικοί. Ὀρθῶς δὲ διαγενόμενοι κατὰ τὸ πρῶτον ἔτος, εἶτα μετεβλήθησαν. Ἄππιος γὰρ Κλαύδιος, εἷς ἐκ τῶν Δέκα, Βεργινίου τινὸς θυγατέρα παρθένον, ὃς ἐν τῷ πολέμῳ κατὰ τὸ Ἄλγιδον ὄρος πρὸς Λατίνους ἐτύγχανεν ἀνδρειότατα μεμαχημένος, ἠβουλήθη διαφθεῖραι πρὸς βίαν. Ἀλλ' ὁ πατὴρ αὐτὴν πρὸ τῆς ὕβρεως ἀνεῖλε. Τοῦτο συνεκίνησε τὸν στρατόν · καὶ τοὺς Δέκα τιμωρίᾳ παρα-δόντες, καὶ αὐτὴν αὐτοῖς συνανεῖλον τὴν ἀρχήν.

---

1. Le texte de l'Pæanius étant ici fort altéré, j'ai reçu la restitution que Syl-burg en a faite.

XVII.

Περὶ τῆς ἀποστάσεως καὶ ἁλώσεως Φιδηνῶν. (An 315-317 de R. = 438-437 av. J. C.)

Τριακοσιοστῷ δὲ πεντεκαιδεκάτῳ μετὰ τὸν Ῥώμης συνοικισμὸν ἐνιαυτῷ Φιδηνάται πρὸς Ῥώμην ἤραντο πόλεμον, συμμάχοις κεχρημένοι Βεείοις, καὶ τῷ τούτων βασιλεῖ Τολουμνίῳ. Βέειοι δὲ καὶ Φιδηνάται τῆς Ῥώμης ἐκ γειτόνων οἰκοῦσι· Φιδηνάται μὲν ἐξ κεχωρισμένοι σημείοις, Βέειοι δὲ ὀκτωκαίδεκα. Συνεπῆλθον δὲ καὶ Βολοῦσκοι. Τότε τοίνυν Μάμερκος Αἰμίλιος δικτάτωρ χειροτονηθεὶς, καὶ λαβὼν ἄρχοντα τῶν ἱππέων Λούκιον Κοίντιον Κικιννάτον, τὸν πόλεμον ἔλυσε, καὶ τὸν βασιλέα Τολούμνιον ἀνεῖλε· Φιδῆναί τε ἡ πόλις ἑάλω καὶ κατεσκάφη.

XVIII.

Ὅτι ὁ Φούριος Κάμιλλος μετὰ τὴν νίκην ἐξέπεσε. (An 359-461 de R. = 395-394 av. J. C.)

Εἴκοσι δὲ ὕστερον ταύτης τῆς μάχης ἐνιαυτοῖς Βέειοι πάλιν ἐκίνησαν τὸν πόλεμον, καὶ χειροτονεῖται κατ᾽ αὐτῶν δικτάτωρ Φούριος Κάμιλλος, ὃς πρότερον μὲν αὐτοὺς κατεπολέμησε· μετὰ ταῦτα δὲ πολὺν χρόνον τὴν πόλιν περικαθίσας, καὶ αὐτὴν εἷλεν, ἀρχαιοτάτην τε τῆς Ἰταλίας, καὶ τοῖς πᾶσιν ἀφθονωτάτην. Μετὰ ταύτην αἱρεῖ Φαλίσκους, πόλιν οὐχ ἥττω τῆς προτέρας. Ἀλλ᾽ ἐπανέστη φθόνος ἐκ ταύτης αὐτῷ τῆς εὐημερίας, αἰτίαν τ᾽ ἔσχεν, ὡς οὐ προσηκόντως διέλοι τῇ στρατιᾷ τὰ τοῦ πολέμου λάφυρα, κατεκρίθη τε καὶ ἀπεώσθη τῆς Ῥώμης.

XIX.

Ὅτι ὁ Κάμιλλος κατελθὼν τοὺς Γάλλους ἐνίκησε.
(An 365 de R. = 389 av. J. C.)

Κατὰ δὲ τοῦτον τὸν χρόνον Γάλλοι Σένωνες ὥρμησαν ἐπὶ τὴν Ῥώμην, καὶ γενομένης μάχης ἑνδεκάτῳ τῆς πόλεως σημείῳ, παρὰ τὸν Ἄλλιον ποταμὸν, ἐπεξῆλθον φεύγουσι τοῖς Ῥωμαίοις, οὐδενὸς ἀντάραντος, μέχρι τῆς πόλεως αὐτῆς · καταφεύγοντες δὲ εἰς τὸ Καπιτώλιον, ἐκεῖ συνέσωζον ἑαυτούς. Λιμοῦ δὲ λοιπὸν συνέχοντος αὐτούς, ἐφίσταται τοῖς Γάλλοις ἐκ πολλοῦ πολιορκοῦσιν [1] ὁ Φούριος Κάμιλλος, φυγὰς ἐν πλησίῳ τινὶ πολιχνίῳ διάγων · καὶ νικᾷ μὲν αὐτοὺς δεινότατα τῇ πρώτῃ συμπλοκῇ · ὡς δὲ οὐκ ἐξεχώρουν, ὠνήσαντο Ῥωμαῖοι τὴν ἀναχώρησιν αὐτῶν χρυσίῳ, ὅπως μὴ τὸ Καπιτώλιον περικαθίσειαν [2]. Τοῦτο οὐκ ἤνεγκε μετρίως ὁ Κάμιλλος, παραχρῆμα δὲ ἐπεξελθὼν τῇ τῶν Γάλλων στρατιᾷ, αὐτήν τε διέφθειρε, καὶ τὸ δοθὲν ἀνέλαβε χρυσίον, καὶ τὰ σημεῖα στρατιωτικὰ, ἅπερ ἦσαν ἐν τῇ προτέρᾳ μάχῃ παρὰ τῶν Ῥωμαίων ἀφῃρημένα, πάντα ἀναλαβὼν, τρίτον ἐν τῇ πατρίδι θρίαμβον ἐθριάμβευσεν, ἐπεκλήθη τε δεύτερος Ῥωμύλος, ὡς οἰκιστὴς καὶ αὐτὸς τῆς Ῥώμης γεγενημένος.

XX.

Ὅτι τὰ τῆς Ῥώμης πράγματα ἀνατρέχει, καὶ ἄρχοντες στρατιωτικοὶ χειροτονοῦνται. (An 365 de R. = 389 av. J. C.)

Ἔτει τριακοσιοστῷ καὶ ἑξηκοστῷ πέμπτῳ μετὰ τὸν τῆς Ῥώμης συνοικισμὸν, πρώτῳ δὲ μετὰ τὴν ὑπὸ Γάλλοις γενομένην ἅλωσιν,

---

1. La version de Pæanius porte : λιμοῦ δὲ λοιπὸν συνέχοντος αὐτούς, ἐφίσταται κάμνουσιν ὁ Φούριος, κ. τ. λ.
2. Pæanius a omis ces mots.

ἐνηλλάγησαν αἱ δυναστεῖαι. Ἀντὶ γὰρ τῶν ὑπάτων ἄρχοντες ἐγένοντο στρατιωτικοὶ τὴν τῶν ὑπάτων ἔχοντες δύναμιν. Ἐντεῦθεν καὶ τὰ τῆς Ῥώμης ηὐξήθη πράγματα. Κάμιλλος γὰρ Βολούσκων πόλιν, ἑβδομήκοντα τοῖς πᾶσιν ἐνιαυτοῖς οὐκ ἀποσχομένην τοῦ κατὰ τῆς Ῥώμης πολέμου, αὐτήν τε εἷλε, καὶ ἑτέραν Αἰκανῶν, καὶ Σουτρίνων ἄλλην, πάσας τε αὐτὰς ὑφ' ἑαυτὸν ποιησάμενος, καὶ τοὺς πολεμίους διαχρησάμενος, τρεῖς ἐπὶ τοῖς τρισὶν ἔθνεσιν ἐπετέλεσε θριάμβους.

XXI.

Ὅτι ὁ Κικιννάτος νικᾷ καὶ θριαμβεύει. (An 376 de R.
= 378 av. J. C.)

Καὶ Τίτος δὲ Κοΐντιος Κικιννάτος Πραινεστίνους, οἳ μέχρι τῶν προπυλαίων αὐτῶν πολεμοῦντες ἐχώρησαν, ἄχρις Ἀλλίου ποταμοῦ διώξας, νίκην τε ἤρατο κατ' αὐτῶν, καὶ πόλεις αὐτῶν ὀκτὼ [1] τῇ Ῥώμῃ προσένειμε· καὶ αὐτοὺς δὲ τοὺς Πραινεστίνους, παραδόντας ἑαυτοὺς, ἐκτήσατο. Πᾶν δὲ τοῦτο τὸ ἔργον εἴκοσιν ἐπετέλεσεν ταῖς ἡμέραις, καὶ ἐπὶ τούτοις ἐθριάμβευσεν.

XXII.

Ὅτι τελευτᾷ Κάμιλλος καὶ νικᾷ Μάνλιος. (An 390-416
de R. = 364-338 av. J. C.)

Λουκίου τοίνυν Γενουκίου καὶ Κοΐντου Σερβιλίου γενομένων ὑπάτων, τελευτᾷ Κάμιλλος, τιμαί τε αὐτῷ δεύτεραι μετὰ [2] τὸν Ῥωμύλον ἐψηφίσθησαν.

Γάλλων δὲ πόλεμον ἐπὶ τὴν Ἰταλίαν κινησάντων, στρατοπέδευσα-

1. La version de Pæanius porte ἑπτά, *sept.* J'ai mis ὀκτώ, *huit*, d'après le texte d'Eutrope, édit. de Deux-Ponts, et Tite-Live, VI, 29.

2. Le texte de l'édit. d'Havercamp 1729 porte κατά. J'ai lu μετά, qui m'a paru nécessaire et indiqué par *post* d'Eutrope. Cette confusion est fréquente. Fischer, *Animadv.*, Spec. III, pars 2, p. 197.

μένων δὲ ἀντιπέρα τοῦ Ἀνιήνου ποταμοῦ, τῆς πόλεως τῷ τετάρτῳ
σημείῳ, Τίτος Κοΐντιος δικτάτωρ ἀναδειχθεὶς ἐξῆλθεν ἐπὶ τοὺς πολεμίους. Ἀλλ᾽ ἔλυσε τὴν μάχην οὐχ ἡ συμπλοκὴ τῶν στρατευμάτων,
ἀλλ᾽ ἀνὴρ νεανίας ἐπιφανέστατος ἐκ τῆς συγκλήτου, Μάνλιος. Ὑφ᾽
ἑνὸς γὰρ τῶν Γάλλων εἰς μονομαχίαν προκληθεὶς, ἐκεῖνόν τε καθεῖλε,
καὶ στρεπτὸν, ᾧ κεκόσμητο τὸν τράχηλον ὁ Γάλλος, ἑαυτῷ περιθεὶς,
ἐκ τούτου Τορκουάτος αὐτός τε προςηγορεύθη, καὶ οἱ ἐξ αὐτοῦ πάντες.
Τότε μὲν οὖν φυγῇ οἱ Γάλλοι παρέδοσαν ἑαυτούς· μετὰ δὲ ταῦτα καὶ
κατεπολεμήθησαν ὑπὸ τοῦ δικτάτωρος Σουλπικίου. Καὶ Τοῦσκοι δὲ
ὑπὸ Γαΐου Μαρκίου συνεκόπησαν· ὡς ὀκτὼ δὲ χιλιάδας αἰχμαλώτων
τῷ θριάμβῳ ποιήσας πλῆθος ὁ νικήσας ἐθριάμβευσε.

XXIII.

Περὶ Οὐαλερίου Κόρβου. (An 407 de R. = 347 av. J. C.)

Μετὰ τοῦτο γίγνεται τῶν Ῥωμαίων ἀπογραφή. Καὶ τῶν Λατίνων,
τῶν ὑπὸ Ῥωμαίοις ἤδη γεγενημένων, σώματα παρέχειν εἰς στρατιὰν
οὐ βουλομένων, ἐξ αὐτῶν πολιτικῶν συνελέγη τὸ στράτευμα νεο-
στρατεύτων σωμάτων [1]. Δέκα δὲ ἐξ αὐτῶν συντάξεις ἐγένοντο. Αἱ
δέκα δὲ αὗται συντάξεις, ἑξήκοντα, ἢ σμικρόν τι πλέον [2], χιλιάδας
ἀνδρῶν εἶχον. Οὕτως ὁ τοσοῦτος συνήχθη στρατὸς, οὔπω τῶν Ῥωμαϊκῶν πραγμάτων εἰς τὸ πᾶν ἐπιδεδωκότων· τοσαύτη τῶν στρατιωτικῶν ἦν ἐπιθυμία, καὶ τῶν πολιτῶν ἀνδρεία.

Τοῦτο δὴ τὸ στράτευμα τῶν πολιτῶν ἐξάραν, ἐπὶ τοὺς Γάλλους
ἐχώρησεν, ἡγουμένου τῆς στρατιᾶς Φουρίου. Ἀλλά τις ἐκ τοῦ Γάλλων
στρατεύματος, πρὶν ἢ συμμίξαι τὰ πλήθη, ἐκ προκλήσεως τὸν ἄριστον
τῶν Ῥωμαίων εἰς μονομαχίαν ἐκάλει. Τότε τοίνυν ἐθελοντὴς ἐξανέστη
Μάρκος Οὐαλέριος, ἐν τοῖς ἄρχουσι τῶν στρατιωτικῶν τεταγμένος,

1. J'ai ajouté ces mots, d'après Sylburg, pour *tirones*, omis dans la version
de Pæanius.

2. Cette addition m'a paru nécessaire pour traduire *aut amplius*, que ne rend
point le traducteur grec.

καὶ σκευασάμενος ἐπῆλθεν. Ὁρμῶντι δὲ κατὰ τοῦ πολεμίου, κόραξ ἐπιστὰς κατὰ τὸν δεξιὸν ἔστη βραχίονα. Καὶ μετὰ, οἱ μὲν ἄνδρες συνέμιξαν· ὁ δὲ κόραξ τοῖς τε ὄνυξι καὶ τοῖς πτεροῖς ἔπαιε τοῦ Γάλ-λου τὰ ὄμματα, κωλύων εὐθὺ τῷ πολεμοῦντι προσβλέπειν· καὶ οὕτω πίπτει μὲν ὁ Γάλλος· τῷ Οὐαλερίῳ δὲ ὁ τῆς νίκης τρόπος δέδωκε τὴν προσηγορίαν. Κόρβος [1] γὰρ ὠνομάσθη ἀπὸ τοῦ κόρακος, οὕτω κατὰ τὴν τῶν Ἰταλῶν ὀνομαζομένου φωνήν· καὶ οὐδὲ μέχρι τούτων τὰ τῆς εὐημερίας ἔστη· ἀλλὰ τρίτον καὶ εἰκοστὸν γεγονὼς ἔτος ἐπὶ τὴν ὑπατείαν ἐκλήθη.

Λατῖνοι δὲ, οἱ τὴν στρατολογίαν ἀρνησάμενοι, καθάπερ ἔκ τινος μελέτης ἐπὶ μεῖζον ἐχώρησαν· ἔφασκον γὰρ τὸν ἕτερον τῶν ὑπάτων ἐκ σφῶν αὐτῶν χρῆναι χειροτονεῖσθαι. Τῶν Ῥωμαίων δὲ οὐ συνθε-μένων, ἀνήφθη πόλεμος μέγιστος, εἴπερ τις ἄλλος. Καὶ τοῦτον μὲν ἡττήθησαν οἱ Λατῖνοι, καὶ θρίαμβον ἔσχεν ἡ νίκη· τοῖς ὑπάτοις δὲ, ὡς ὑπὲρ ἔργου μεγάλου, κατά τι χωρίον, ὃ Ῥῶστρα καλοῦσιν, ἀνδριάν-τες ἀνέστησαν.

XXIV.

Περὶ τῶν Παπιρίῳ Κούρσωρι καὶ Φαβίῳ Μαξίμῳ καὶ Ἀππίῳ Κλαυδίῳ τῷ τιμητῇ πραχθέντων. (An 430-442 de R. = 324-312 av. J. C.)

Ἐντεῦθεν δὴ καὶ τὰ τῆς δυνάμεως ηὐξήθη Ῥωμαίοις, καὶ πρὸς ἄκρον ἀφίκοντο δυναστείας. Ἀμέλει πορρωτάτω λοιπὸν αὐτοῖς οἱ πολέ-μιοι συνεκροτοῦντο. Ἐπὶ Σαμνίτας γοῦν, τριάκοντά [2] πού καὶ ἑκατὸν ἀπῳκισμένους σημείοις, καὶ ἐν μέσῳ τοῖς Πικηνοῖς, καὶ τῇ Καμπανίᾳ καὶ τῇ Ἰαπυγίᾳ ὑμοροῦντας [3], τὴν στρατιὰν ἐκίνησαν, ἧς ἀφηγεῖτο

---

1. La version de Pæanius porte Κορβῖνος, conforme à la leçon *Corvinus* des anciennes édit. d'Eutrope. J'ai mis Κόρβος conforme à la leçon *Corvus*, adoptée par l'édit. de Deux-Ponts, d'après Tite-Live, VII, 26, les Tab. du Cap. et et quelques manuscrits.

2. Pæanius dit τριακοσίοις, *trecentis*, évidemment fautif.

3. Ces mots se trouvent omis dans Pæanius.

Παπίριος Κούρσωρ, τὴν δικτατωρίας ἔχων ἐξουσίαν · χρείας δὲ αὐτὸν
ἐπὶ τὴν Ῥώμην καλούσης, τὸν ἄρχοντα τῆς ἵππου Φάβιον Μάξιμον
κατέλιπεν ἐπιτροπεύειν τοῦ στρατοῦ, προαγορεύσας μὴ εἰς χεῖρας ἐλθεῖν
πρὶν ἂν ἐκ τῆς Ῥώμης ἐπανήκῃ. Λαβόμενος δὲ ὁ Φάβιος καιροῦ καὶ
μικρὰ φροντίσας τῶν τοῦ δικτάτωρος ἐντολῶν, ἐμαχήσατο μὲν μετὰ
λαμπρᾶς τῆς τύχης, καὶ τοὺς Σαμνίτας ἀπώλεσε πανστρατιᾷ. Ἐπὶ
τούτοις δὲ ψῆφον ἐπήγαγεν ὁ δικτάτωρ αὐτῷ θανάτου · διεσώθη δὲ
τῇ τοῦ στρατεύματος περὶ αὐτὸν σχέσει καὶ τῇ τοῦ δήμου σπουδῇ ·
τοσαύτη τε ἐκινήθη κατὰ Παπιρίου στάσις, ὡς παρὰ μικρὸν ἐλθεῖν
αὐτὸν θανάτου.

Μετὰ ταῦτα οἱ Σαμνῖται τοὺς Ῥωμαίους, ὑπατευόντων Τίτου Βετουρίου καὶ Σπουρίου Ποστουμίου, ἐν ταῖς τῶν Φουρκῶν Καυδίνων στενοχωρίαις κατακεκλεισμένους μετὰ πολλῆς κατεπολέμησαν · τῆς αἰσχύνης, καὶ τῷ ζυγῷ αὐτοὺς ὑφῆκαν¹. Ἀλλ' ἡ σύγκλητος καὶ ὁ δῆμος
τὰς μὲν σπονδὰς παρεσάλευσαν, ὡς ἐν δυσπραγίᾳ γεγενημένας,
ἀνέλαβον δὲ τὴν μάχην · καὶ οἱ πρότερον νενικηκότες, ἡττήθησαν,
Παπιρίου τοῦ ὑπάτου τῇ μάχῃ στρατηγοῦντος. Ἑπτὰ δὲ χιλιάδες
ἀνδρῶν αἰχμαλώτων τῷ τῶν νενικηκότων ὑπεζύγησαν ζυγῷ² · καὶ
κατὰ Σαμνιτῶν ἐδόθη τῷ Παπιρίῳ θρίαμβος.

Κατὰ δὲ τοῦτον τὸν χρόνον Ἄππιος Κλαύδιος τιμητὴς πηγὴν
ὠχέτευσεν εἰς τὴν Ῥώμην, ἥτις αὐτῷ μέχρι νῦν ἐπονομάζεται Κλαυδία · ὁδόν τε ἐστόρεσεν, ἥτις ἐπεκλήθη καὶ αὐτὴ τῷ πεποιηκότι
Ἀππία.

---

1. Voici la version, fort inexacte, donnée de ce passage par Pæanius : Μετὰ
ταῦτα οἱ Σαμνῖται τοὺς Ῥωμαίους, ὑπατευόντων Τίτου Βετουρίου καὶ Σπουρίου
Ποστουμίου, μετὰ πολλῆς κατεπολέμησαν τῆς αἰσχύνης, καὶ κύριοι καταστάντες
αὐτῶν, ἔθεντο σπονδὰς τοῖς ἡττημένοις ἀπρεπεῖς. Le traducteur grec ne paraît pas
avoir saisi ici la valeur propre de *sub jugum miserunt*.
2. Pæanius : Πεσόντων δὲ τῶν πλειόνων ἑπτὰ χιλιάδες ἀνδρῶν αἰχμαλώτων ὑπὸ
τοῖς νενικηκόσιν ἐγένοντο.

XXV.

Ὅτι Σαμνῖται καὶ Γάλλοι καταπολεμοῦνται.
(An 456-457 de R. = 297-296 av. J. C.)

Τούτων ὧδε πεπραγμένων, Σαμνῖται τὴν μάχην ἀνενεώσαντο, Κοΐντου Φαβίου Μαξίμου τὴν ὑπατείαν ἔχοντος. Παῖς δὲ ἦν οὗτος τοῦ μικροῦ πρόσθεν εἰρημένου Φαβίου Μαξίμου. Οὗτος ἡττᾶται τὴν μάχην, καὶ τρισχιλίους ἀποβάλλει ἀνδρῶν. Ληγάτος δὲ αὐτῷ χειροτονηθεὶς ὁ πατὴρ Φάβιος, ἐνίκησέ τε τοὺς Σαμνίτας, καὶ πολλὰς αὐτῶν πόλεις εἷλεν. Ἔπειτα διαδέχονται τὴν ὕπατον ἀρχὴν Πόπλιος Κορνήλιος Ῥουφῖνος, καὶ Μάρκος Κούριος Δεντάτος, καὶ συνάψαντες πρὸς τοὺς Σαμνίτας πόλεμον, πολλαῖς τε μάχαις λαμπροὶ ὑπερέσχον, καὶ παντάπασιν αὐτοὺς ἐκπολιορκήσαντες δι' ἐτῶν ἐννέα καὶ τεσσαράκοντα, τέλος ἔδοσαν τῷ πολέμῳ. Ὡς ἔπος δὲ εἰπεῖν, οὐδὲν τῶν ἐντὸς τῆς Ἰταλίας ἐθνῶν οὕτω τὰς Ῥωμαϊκὰς δυνάμεις κατειργάσατο.

Πολλοῖς δὲ ὕστερον ἐνιαυτοῖς πλῆθος Γάλλων ἀξιομάχητον Τούσκοις τε καὶ Σαμνίταις κατὰ τῆς Ῥώμης ἐκοινώνησαν· καὶ δρόμον ἐπ' αὐτὴν ποιούμενοι, παρὰ Γνέου Κορνηλίου Δολοβέλλου τοῦ ὑπάτου πανωλεθρίᾳ διεφθάρησαν.

XXVI.

Τὰ περὶ Πύῤῥον τὸν τῶν Ἠπειρωτῶν βασιλεύσαντα.
(An 474 de R. = 280 av. J. C.)

Ὑπὸ τούτους τοὺς χρόνους Ταραντίνοις, ἐν ὑστάτῳ τῆς Ἰταλίας πάσης κειμένοις, ἐπήχθη παρὰ Ῥωμαίων πόλεμος. Αἰτία δὲ ἦν τοῦ πολέμου παροινία καὶ ἀσέλγεια παρὰ τοῦ δήμου τοῦ Ταραντίνου κατὰ τῶν πρεσβευτῶν ἐκ τῆς Ῥώμης τετολμημένη. Πύῤῥον δὲ ἐπεκαλέσαντο σύμμαχον Ταραντῖνοι, γένος μὲν τῶν ἀπ' Ἀχιλλέως, βασιλεύοντα δὲ τῶν Ἠπειρωτῶν. Καταλαμβάνει τοίνυν τὴν Ἰταλίαν ὁ Πύρρος· καὶ τοῦτον πρῶτον πόλεμον ἐπολέμησαν Ῥωμαῖοι πρὸς στρατιὰν ἐξ ὑπερορίων ἤκουσαν.

Ἐπὶ τούτῳ ὕπατος ἐχειροτονήθη Πόπλιος Θυαλέριος Λευῖνος. Οὗτος Πύρρου κατασκόπους ἑλών, προσέταξεν ἅπαν αὐτοῖς ἐπιδειχθῆναι τὸ στρατόπεδον· εἶτα ἀφεθῆναι, καὶ τῷ Πύρρῳ γενέσθαι μηνυτὰς ὧν ἐθεάσαντο.

Μετὰ ταῦτα γίνεται μάχη, καὶ τραπέντος τοῦ Πύρρου, μεταβολὴν ἔσχον διὰ τοὺς ἐλέφαντας αἱ τοῦ πολέμου τύχαι[1]. Ἀγνῶτες γὰρ ὄντες τούτων οἱ Ῥωμαῖοι τῶν θηρίων, φοβηθέντες ἔσχον ἔλαττον. Κακῶς δὴ τῶν Ῥωμαϊκῶν ἐκ τούτου διακειμένων, ἡ νὺξ ἔδωκε τῇ συμπλοκῇ τέλος· ᾗ χρησάμενος ὁ Λευῖνος ὑπεχώρησε.

Κατὰ δὴ ταύτην τὴν μάχην χιλίους ὀκτακοσίους ὁ Πύρρος αἰχμαλώτους εἷλε, καὶ τῶν μεγίστων αὐτοὺς ἠξίωσε τιμῶν· τοὺς δὲ πεσόντας ἐξ αὐτῶν τῶν Ῥωμαίων ταφῇ παρέδωκεν. Ἰδὼν δὲ αὐτοὺς καὶ ἐν νεκροῖς τοῖς σώμασιν φοβεροὺς, πάντων τε τὰς πληγὰς ἐμπροσθίους, τὰς χεῖρας εἰς τὸν οὐρανὸν ἀνασχὼν, ἔφη « πάσης ἂν κρατῆσαι τῆς γῆς, εἰ τοιούτοις αὐτῷ χρῆσθαι στρατιώταις ἐξεγένετο. »

XXVII.

Ὅτι ὁ Πύρρος, τὸν Φαβρίκιον θαυμάσας, πρέσβεις περὶ τῶν σπονδῶν εἰς τὴν Ῥώμην ἀποπέμπει.

Μετὰ ταῦτα συνάπτουσιν ἑαυτοὺς τῷ Πύρρῳ Σαμνῖται καὶ Λουκανοὶ, καὶ Βρούττιοι· καὶ γίνεται δρόμος ἁπάντων ἐπὶ τὴν Ῥώμην· πᾶν τε τὸ προςτυχὸν ἢ πυρὸς ἦν ἔργον, ἢ σιδήρου, καὶ τὴν μὲν Καμπανίαν ἔτεμον· ἦκον δὲ ἐπὶ τὴν Πραίνεστον, τῆς πόλεως ὀκτωκαιδεκάτῳ σημείῳ ἀφεστῶσαν. Φοβηθεὶς δὲ ὁ Πύρρος τὸν ὕπατον καὶ τὴν σὺν αὐτῷ στρατιὰν ὄπισθεν αὐτῷ κατακολουθήσασαν, εἰς τὴν Καμπανίαν ὑπεχώρησεν.

1. Havercamp : ἔσχον..... ἡ τύχη. On peut aussi lire ἔσχε.

Καὶ παραγίνονται πρὸς αὐτὸν πρέσβεις Ῥωμαίων, ἐξωνήσασθαι βουλόμενοι τοὺς αἰχμαλώτους. Τούτους διὰ πάσης αἰδοῦς καὶ τιμῆς ἐποιήσαντο, εἶχέ τε ὡς ἔνι μάλιστα φιλοφρόνως, τὰ λύτρα τε ἀπωσάμενος, προῖκα τοὺς αἰχμαλώτους ἀπέπεμψεν. Ἕνα δὲ ἐκ τῶν πρεσβέων Φαβρίκιον οὕτως ἠγάσθη καὶ ἐθαύμασεν, ὥςτε, ἐπειδὴ πενίᾳ συζῆν αὐτὸν ἔγνω, τοὺς θησαυροὺς ἐπιδείξας, τὸ τέταρτον αὐτῷ προὔθηκεν αὐτῶν τε καὶ τῆς ἀρχῆς, εἰ τὴν πρὸς αὐτὸν ἕλοιτο συνουσίαν, καὶ κατὰ τῶν πολιτῶν αὐτῷ προςτεθείη. Καταφρονηθείσης δὲ τῆς ὑποσχέσεως, ηὐξήθη τῷ Πύρρῳ τὸ περὶ τὴν Ῥώμην τε καὶ τοὺς ἐξ αὐτῆς θαῦμα· καὶ πρέσβεις ὁ νενικηκὼς πέμπει, παρὰ τῶν ἡττημένων σπονδὰς ἐπαγγέλλειν ἴσας ἑκατέρoις· τῆς δὲ πρεσβείας ἐξῆρχεν ἀνὴρ ἐπιφανὴς Κινέας. Τῶν σπονδῶν δὲ μέρος ἦν καὶ τόδε· τῆς Ἰταλίας ὅσον ἤδη ἐδέδεκτο τὸν Πύρρον ἢ πολιορκηθὲν, ἢ ἑκούσιον, τῆς αὐτοῦ δεσποτείας εἶναι.

Ταύτην οὐκ ἐδέξαντο τὴν συνθήκην οἱ Ῥωμαῖοι, ἀπεκρίναντο δὲ τοῖς πρέσβεσι σπονδὰς οὐδαμῶς ἔσεσθαι Πύρρῳ τε καὶ αὐτοῖς, εἰ μὴ πάσης τῆς Ἰταλίας ἐκχωρήσειε· μέγα τε μηδὲν ἡγεῖσθαι σφᾶς παρεσχηκέναι Πύρρον τὸ κατὰ τοὺς αἰχμαλώτους· τούτου δὲ εἶναι σημεῖον τὸ τοὺς ἀφεθέντας ἀτίμους εἶναι παρ' αὐτοῖς, ὡς ἀναξίους τῆς Ῥωμαϊκῆς πολιτείας, δι' ἄλλο μὲν οὐδὲν, ὅτι δὲ πολεμοῦντες ληφθεῖεν· λύσιν τε αὐτοῖς οὐκ ἔσεσθαι τοῦ κακοῦ, πρὶν ἂν δυῶν πεφονευμένων ἀνδρῶν [1] ἐκ τοῦ στρατεύματος τῶν πολεμίων λάφυρα κομίσοιεν.

Οὕτω μὲν οὖν ἐπανῆλθεν ἄπρακτος ἡ πρεσβεία· πυνθανομένῳ δὲ τῷ Πύρρῳ παρὰ τῶν πρεσβέων οἵαν εὕροιεν τὴν πόλιν, φασὶ τὸν Κινέαν εἰπεῖν, πατρίδα βασιλέων ἑωρακέναι· τοῦτο δηλοῦντα, ὡς οἱ τῆς πόλεως ἔνοικοι πάντες τοιοῦτοι τυγχάνουσιν, οἷος αὐτὸς ὁ Πύρρος κατὰ τὴν Ἤπειρον καὶ τὴν Ἑλλάδα πᾶσαν ὑπείληπται.

1. Pæanius : τῶν διεγνωσμένων ἀνδρῶν.

XXVIII.

Τὰ περὶ Πύρρου καὶ Φαβρικίου ἑπόμενα.

Ἐντεῦθεν ἐκστρατεύουσι πάλιν ἐπὶ τὸν Πύρρον ὑφ᾽ ἡγεμόσιν ὑπάτοις Ποπλίῳ Σουλπικίῳ καὶ Δεκίῳ Μυΐ. Καὶ γενομένης μάχης, τι-
τρώσκεται Πύρρος, καὶ τῶν ἐλεφάντων ἀναιρεῖται τὸ πλεῖστον·
πίπτουσί τε τῶν μετὰ Πύρρου χιλιάδες εἴκοσι, Ῥωμαίων δὲ πεντα-
κισχίλιοι μόνοι. Φεύγει τοίνυν ὁ Πύρρος ἐπὶ τὴν Τάραντα.

Καὶ διελθόντος ἐνιαυτοῦ μετὰ ταύτην τὴν μάχην, Φαβρίκιος αὖθις
ἐπιπέμπεται τῷ Πύρρῳ μετὰ στρατιᾶς, ᾧ τὸ τέταρτον τῆς βασιλείας ἦν ὑπεσχημένος. Στρατοπεδευσάμενοι δὲ ἐκ τοῦ πλησίον αὐτός
τε καὶ ὁ Πύρρος, ἀνέμενον τὴν μάχην· μιᾷ δὲ τῶν νυκτῶν ἰατρός τις
τῷ Πύρρῳ συνὼν, προςφεύγει τῷ Φαβρικίῳ, ὑπισχνούμενος φαρμάκῳ
τὸν Πύρρον ἀναιρήσειν, εἴ τις αὐτῷ τοῦ ἔργου τούτου καρπὸς γένοιτο.
Τοῦτον ὁ Φαβρίκιος δέσμιον ἐκπέμπει τῷ Πύρρῳ, σημάνας ὡς οὐκ
ἔστι Ῥωμαίων δόλῳ τοὺς ἐχθροὺς, ἀλλ᾽ ὅπλοις ἀναιρεῖν. Τότε τὸν
Φαβρίκιον ὑπεραγασθεὶς ὁ Πύρρος, « Οὗτός ἐστιν, ἔφη, ὃν οὐκ
ἔστιν ἀφελκυσθῆναι τοῦ πρέποντος, ὥςπερ οὐδὲ τὸν ἥλιον τῆς αὐτοῦ
φορᾶς. » Καὶ ταῦτα εἰπὼν, ἐπὶ τὴν Σικελίαν ἀπεχώρησε. Φαβρίκιος
δὲ, Λουκάνους τε καὶ Σαμνίτας ἑλὼν, ὑπὲρ τῆς νίκης ἐθριάμβευσε.

Δέχονται δὲ τὴν ὑπατείαν Μάρκος Κούριος Δεντάτος, καὶ Κορνήλιος Λέντουλος. Εὐθὺς δὲ ἐπὶ τὸν Πύρρον ἐκστρατεύουσιν. Ὁ τοίνυν
Κούριος συνῆψε πρὸς αὐτὸν μάχην, καὶ τὸ μὲν στράτευμα σχεδὸν
ἅπαν ἀπώλεσε τοῦ Πύρρου, καὶ αὐτόν τε ἡ Τάρας ὑπεδέξατο φεύγοντα,
καὶ ὁ Κούριος γίνεται τῆς παρεμβολῆς τῶν πολεμίων ἐγκρατής· ὁ δὲ
τῶν πεσόντων πολεμίων ἀριθμὸς εἴκοσι τρεῖς ἦσαν χιλιάδες. Οὗτος
ὁ πόλεμος ἔδωκε τῷ Κουρίῳ θρίαμβον ὑπατεύοντι. Ἐπισημότατός τε
οὗτος ἐγένετο τῶν πώποτε, τεσσάρων ἐλεφάντων τότε πρῶτον ἐν τῇ
Ῥώμῃ φανέντων, τούτων οὕτω πραχθέντων, καὶ τὴν Τάραντα ἀπολιπὼν ὁ Πύρρος ἐπὶ τὸ Ἄργος ἐχώρησεν· ἔνθα τὸ τέλος τοῦ βίου ἐδέξατο,
πεσὼν ἐν πολέμῳ.

XXIX.

Ὅτι τὰ λοιπὰ τῆς Ἰταλίας ἔθνη ὑπὸ τῶν Ῥωμαίων κατεπολεμήθησαν. (An 481-488 de R. = 272-266 av.
J. C.)

Ἐντεῦθεν Γάϊος Φάβιος Λικῖνος, καὶ Γάϊος Κλαύδιος Κανίνας ὕπατοι χειροτονοῦνται, τετρακοσιοστῷ καὶ ἑξηκοστῷ καὶ πρώτῳ τῆς
Ῥώμης ἔτει. Κατὰ τοῦτον τὸν ἐνιαυτὸν πρέσβεις ἀπὸ τῆς Ἀλεξαν-
δρείας, πεμφθέντες πρὸς τοῦ βασιλέως Πτολεμαίου, κατέλαβον τὴν
Ῥώμην, αἰτούμενοι παρ᾽ αὐτῶν[1] εἰρήνην τε καὶ φιλίαν, ἅπερ παρῃ-
τήσαντο[2].

Ἐκδεξαμένων δὲ τὴν ὑπατείαν Κοΐντου Ὀγουλνίου[3] καὶ Γαΐου
Φαβίου Πίκτωρος, Πικένται πόλεμον ἐκίνησαν. Χρόνου δὲ διελθόντος
οὐ πολλοῦ, παρὰ τῶν ἑξῆς ὑπάτων Ποπλίου Σεμπρωνίου, καὶ Ἀππίου Κλαυδίου κατεπολεμήθησαν, ὡς καὶ Θριάμβῳ γενέσθαι χώραν[4].

Τότε δὴ καὶ πόλεις παρὰ Ῥωμαίων[5] ᾠκοδομήθησαν, Ἀρίμινός τε
ἐν Γάλλοις, καὶ Βενεβεντὸς ἐν Σαμνίῳ.

Μάρκου δὲ Ἀτιλίου Ῥηγούλου καὶ Λουκίου Ἰουνίου Λίβωνος ἐλθόν-
των ἐπὶ τὴν ἀρχήν, κατὰ Σαλλεντίνων ἐδογματίσθη πόλεμος. Ἡττήθησαν δὲ, καὶ τῆς πόλεως ἐξέπεσαν[6] τῆς ἑαυτῶν· καὶ μετὰ τούτων Βρουνδισηνοί. Καθ᾽ ὧν ἁπάντων οἱ νικήσαντες ἐθριάμβευσαν.

1. Sur le pronom se rapportant ainsi au nom des habitants contenu implicite-
ment dans le nom du lieu, Tib. Hemsterh. *ad Lucian.* Nigrin, c. I, t. I, p. 227,
edit. Bip.
2. Ces mots paraissent avoir été omis dans la version de Pæanius.
3. Le texte du trad. grec porte Κύντου Κυλληνίου, qui résulte sans doute
d'une leçon différente ; car ce dernier nom a été singulièrement altéré.
4. Cette tournure de Pæanius semble rappeler un peu trop le latinisme *locum
fuisse triumpho.*
5. Le texte d'Havercamp donne παρὰ Ῥωμαίοις.
6. Ἐξέπεσον serait plus usité. J'ai conservé ἐξέπεσαν d'après Buttm. *Verbal-
Verzeichnis.* § 217, p. 114, not. 2.

XXX.

Ὅτι τὰ πρῶτα Ῥωμαῖοι ὑπερόριον πόλεμον κινοῦσιν.
(An 490-494 de R. = 264-260 av. J. C.)

Τετρακοσιοστῷ δὲ καὶ ἑβδομηκοστῷ τῆς πόλεως ἔτει ἦν μὲν ἤδη παρὰ πᾶσι λαμπρὸν τὸ τῆς Ῥώμης ὄνομα· οὔπω δὲ τῆς Ἰταλίας ἐκτὸς αὐτοῖς συνεκεκρότητο πόλεμος. Τότε τοίνυν βουληθέντες τὸ τῶν πολιτῶν γνῶναι πλῆθος, ἀπογραφὴν ἐποιήσαντο, καὶ συνηριθμήθησαν ἀνδρῶν ἐννέα καὶ εἴκοσι μυριάδες, καὶ δισχίλιοι διακόσιοι τριάκοντα τέσσαρες· καίτοι παρὰ πάντα τὸν ἔμπροσθεν χρόνον οὐδὲ μιᾶς γενομένης ἀνακωχῆς πολέμου. Ἐν ταύτῃ τῇ δυνάμει τῆς πόλεως, πρὸς Ἀφροὺς αὐτοῖς ὁ πρότερος κινεῖται πόλεμος, Ἀππίου Κλαυδίου καὶ Κοΐντου Φαβίου τὴν ὕπατον ἐχόντων ἀρχήν. Γίνεται τοίνυν ἐν τῇ Σικελίᾳ συμπλοκή· καὶ νικήσας ὁ Κλαύδιος Ἀφρούς τε καὶ τὸν βασιλέα Σικελίας Ἱέρωνα, καθ᾽ ἑκατέρων ἐθριάμβευσε.

Τῷ δὲ ἑξῆς ἐνιαυτῷ Οὐαλέριος Μάρκος, καὶ Ὠτακίλιος Κράσσος ὕπατοι μεγάλα κατὰ τὴν Σικελίαν εἰργάσαντο. Ταυρομένιον γὰρ καὶ Κατάνην, καὶ πεντήκοντα πρὸς ταύταις ἑτέρας πόλεις, τῇ Ῥωμαϊκῇ συνῆψαν ἀρχῇ. Τρίτῳ δὲ ἔτει τοῦ πρὸς Ἀφροὺς πολέμου, παρασκευῆς ἐπὶ τὸν βασιλέα γενομένης Ἱέρωνα, φθάνει τὴν μάχην Ἱέρων, καὶ μετὰ τῆς συγκλήτου τῆς Συρακουσίων, αἰτεῖ παρὰ τῶν Ῥωμαίων εἰρήνην ἐπὶ διακοσίοις ἀργυρίου ταλάντοις[1], καὶ λαμβάνει. Τρέπεται τοίνυν ἡ παρασκευὴ ἐπὶ τοὺς Ἀφροὺς, καὶ ἡττῶνται· καὶ θριαμβεύει κατ᾽ αὐτῶν ὁ νενικηκώς.

Ἔτει δὲ πέμπτῳ τοῦ προτέρου πρὸς Ἀφροὺς πολέμου, Γαΐου Δουελλίου καὶ Γνέου Κορνηλίου Ἀσινοῦ καθεστηκότων ὑπάτων, ἐναυμάχησαν Ῥωμαῖοι τότε πρῶτον ἐν θαλάττῃ πολεμοῦντες· ναυσί τε ἐχρῶντο μακραῖς, ἃς αὐτοὶ μὲν ἐκάλουν ῥωστράτας ἀπὸ τοῦ τὰς πρώ-

1. 1,080,000 fr. en comptant le talent à 5,400 fr. avec l'abbé Barthélemy, et 1,100,000 en évaluant le talent à 5,500 fr. avec Letronne.

ρας αὐτῶν ὀρνέων τινῶν μιμεῖσθαι ῥάμφη · Λιβύρνας δὲ ἡ συνήθεια προςαγορεύει. Κατὰ ταύτην δὴ τὴν ναυμαχίαν ἐξ ἀπάτης ὑπὸ τοῖς πολεμίοις ἐγένετο Κορνήλιος · κρατῶν γὰρ τοῖς ὅπλοις δόλω τῶν Ἀφρῶν, ὡςανεὶ σπονδὰς αἰτούντων, τῆς αὐτῶν ἐπιβὰς τριήρους, συνελήφθη τε καὶ δεθεὶς ἀπήχθη [1]. Δουέλλιος δὲ, ἐπεξελθὼν τῇ μάχῃ, νικᾷ τὸν στρατηγὸν τῶν πολεμίων, μίαν τε καὶ τριάκοντα ναῦς αἱρεῖ, δέκα καὶ τέσσαρας ἑτέρας καταποντίσας · ἑπτὰ δὲ χιλιάδας αἰχμαλώτων ὑφ' ἑαυτὸν κατεστήσατο, τρεῖς δὲ διέφθειρε χιλιάδας. Ταύτης τῆς νίκης ἄλλην οὐχ ἡγήσαντο [2] λαμπροτέραν οὐδ' αὖ χαριεστέραν · ἐπειδήπερ ὡμολογημένου τοῦ κατὰ γῆν κράτους, κρείττους καὶ κατὰ θάλατταν ὤφθησαν.

XXXI.

Ὅτι Ῥωμαίοις ἐπὶ τὴν Ἀφρικὴν ὁ πόλεμος μεταφέρεται.
(An 498, 499 de R. = 256, 255 av. J. C.)

Λουκίου δὲ Μανλίου Βούλσωνος, καὶ Μάρκου Ἀτιλίου Ῥηγούλου τὴν ἀρχὴν ὑποδεξαμένων, ἐκ τῆς Ἰταλίας καὶ Σικελίας ἐπὶ τὴν Ἀφρικὴν ὁ πόλεμος μετηνέχθη, καὶ γίνεται ναυμαχία καρτερὰ πρὸς Ἀμίλκάρην, τὸν τῶν πολεμίων στρατηγόν · καθ' ἣν τέσσαρας καὶ ἑξήκοντα ναῦς οἱ Ῥωμαῖοι καταποντίσαντες, τὸν μὲν στρατηγὸν ἔτρεψαν εἰς φυγὴν, ἀπέβαλον δὲ καὶ αὐτοὶ δύο καὶ εἴκοσι ναῦς. Ἀποβάντες δὲ εἰς τὴν πολεμίαν γῆν, εὐθὺς μὲν Κλυπέαν εἷλον, ἐπιφανῆ τῶν Ἀφρῶν πόλιν · δρόμος δὲ ἦν αὐτοῖς ἐπὶ τὴν Καρχηδόνα · πᾶν δὲ ὃ διῆλθον ἐκπορθήσαντες, ἐχωρίσθησαν · καὶ Μάνλιος εἰς τὴν Ῥώμην ἐπανῆκε μετὰ λαμπρᾶς νίκης, ἑπτὰ καὶ εἴκοσι χιλιάδας αἰχμαλώτων ἄγων.

Ῥηγοῦλος δὲ προςμείνας ἔτι τοῖς πράγμασιν, ἐπανέλαβεν ἐπ' αὐτῆς τῆς Ἀφρικῆς τὴν μάχην, τρισὶ τῶν πολεμίων στρατηγοῖς ἀντιπαραταξάμενος. Περιγενόμενος δὲ τοῦ πολέμου, ὀκτὼ καὶ δέκα χιλιάδας

1. Cette circonstance, qui ne se trouve pas dans Eutrope, résulte sans doute du texte de cet historien que le traducteur grec avait sous les yeux.
2. Ἡδήσαντο, Havercamp, mot corrompu.

ἀνελὼν, καὶ πέντε ζώντων ἑλὼν, ἐλέφαντάς τε ὀκτὼ καὶ δέκα ληϊσά-
μενος, ἑβδομήκοντα καὶ τέσσαρας πόλεις ὑποσπόνδους τῇ Ῥώμῃ συνῆψε, τάξας αὐταῖς, οὓς ἐβουλήθη, φόρους. Ἐνταῦθα λοιπὸν οἱ Ἀφροὶ,
κεκμηκότων αὐτοῖς τῶν πραγμάτων, εἰρήνην αἰτοῦσιν· οὐ δεξαμένου
δὲ τὴν ἱκετείαν Ῥηγούλου, συνθήκας δὲ ἀπαιτοῦντος τῶν σπονδῶν
ἀπηνεῖς τε καὶ τραχείας, Λακεδαιμονίους ἐπεκαλέσαντο πρὸς συμμα-
χίαν· καὶ πέμπεται αὐτοῖς στράτευμα Λακωνικὸν ὑφ' ἡγεμόνι Ξαν-
θίππῳ. Συγκροτηθέντος οὖν πολέμου, μεταπίπτει τῷ Ῥηγούλῳ τὰ
τῆς τύχης. Ἡττᾶται γὰρ ἧτταν οὕτω μεγάλην, ὥστε πάσης μὲν τῆς
στρατιᾶς δισχιλίους διαφυγεῖν μόνους, αὐτὸν δὲ μετὰ πεντακοσίων
ὑπὸ τοῖς πολεμίοις γενόμενον δεθῆναι, τρεῖς δὲ μυριάδας ἀνδρῶν μα-
χιμωτάτων πεσεῖν.

XXXII.

Ὅτι καταπολεμηθέντων αὖθις τῶν Ἀφρῶν, νικηφόρος ὁ
    τῶν Ῥωμαίων στόλος ναυαγεῖ. (An 499-501 de R. =
    255-253 av. J. C.)

Ἀλλ' οἱ μετὰ τούτους ὕπατοι, Μάρκος Αἰμίλιος Παῦλος, καὶ Σέρ-
βιος Φούλβιος Νωβιλίωρ, τὴν μὲν κατὰ τὸν πόλεμον δυςπραγίαν ἐπη-
νώρθωσαν, οὐδὲ αὐτοὶ δὲ συμφορᾶς ἔξω κατέστησαν. Τριακοσίαις γὰρ
ναυσὶ συμμίξαντες τοῖς Ἀφροῖς, ὑπερέσχον ὥςτε τέσσαρας μὲν καὶ
ἑκατὸν ναῦς καταποντίσαι, τριάκοντα δὲ μετὰ τῶν ἐν αὐταῖς μαχο-
μένων ἑλεῖν, ἀνδρῶν δὲ δεκαπέντε χιλιάδας τὰς μὲν ἀνελεῖν, τὰς δὲ
αἰχμαλώτους ἀπάγειν, τὸ δὲ στράτευμα τὸ οἰκεῖον πᾶσι χρήμασι τοῖς
ἐκ τῆς λείας πλουσιώτατον ἀποφῆναι. Οὐδὲν δ' ἂν ἐκώλυσε δουλοῦ-
σθαι τότε τοὺς Ἀφροὺς, εἰ μὴ λιμὸς ἐπελθὼν προαπήγαγε τὴν στρατιὰν τοῦ τέλους.

Ἐν οὕτω λαμπροῖς ταῖς κατὰ τὴν μάχην, καὶ μετὰ τοσούτων λαφύρων ἐπανιόντα τὸν στόλον σχεδὸν ἅπαντα θαλάσσιος κλύδων κατειργάσατο, καὶ τοσοῦτον ἐγένετο ναυάγιον, ὥςτε ἐκ τετρακοσίων καὶ

ἐξήκοντα καὶ τεσσάρων νεῶν ὀγδοήκοντα μόνας ἀθλίως διασωθῆναι· οὐδείς τε χρόνος τοσοῦτον χειμῶνα μνήμῃ παραδέδωκεν ἀνθρώπων. Οὐ μὴν τοῦτο παρέλυσε τὸ φρόνημα τὸ Ῥωμαϊκὸν, οὐδὲ ἀφεῖλέ τι τῆς ἀκμῆς· παραχρῆμά τε διακοσίας παρεσκευάσαντο ναῦς.

XXXIII.

Ὅτι πάλιν Ἀφροὶ Ῥωμαίοις ἥττηνται. (An 503 de R. = 251 av. J. C.)

Οἱ οὖν ἑξῆς ὕπατοι, Γνέος Σερβίλιος Κηπίων, καὶ Γάϊος Σεμπρώνιος Βλαῖσος, ἑξήκοντα καὶ διακοσίαις ναυσὶν ἐπὶ τὴν Ἀφρικὴν ἐξέπλευσαν, καί τινας μὲν τῶν πόλεων εἷλον· λαφύρων δὲ ἐμπλήσαντες τὰς ναῦς ἀπήεσαν. Ἀλλὰ καὶ τούτοις χειμὼν διέφθειρε τὴν εὐπραγίαν, ναυαγίῳ περὶ τὸ πλεῖστον τοῦ στόλου χρησαμένοις. Αὗται τοίνυν αἱ συμφοραὶ, ἀλλήλαις ἐφάμιλλαί τε καὶ συνημμέναι, τὴν περὶ τὸ ναυμαχεῖν προθυμίαν ἐξέβαλον τῶν Ῥωμαίων· δόγμα τε ἡ σύγκλητος ἐποιήσατο, μηκέτι ταῖς κατὰ θάλατταν χρῆσθαι μάχαις, μηδὲ ναῦς ἔχειν πλὴν ἑξήκοντα, φυλακῆς ἕνεκα τῶν Ἰταλῶν ὁρίων πρὸς τὰς ἔξωθεν ἐκ θαλάττης ἐφόδους.

Λουκίου δὲ Καικιλίου Μετέλλου καὶ Γάϊου Φουρίου Παχίλλου πρὸς τὴν ὑπατείαν κληθέντων, γίνεται μάχη περὶ τὴν Σικελίαν πρὸς Ἀφρούς, ἑνὸς τῶν ὑπάτων Μετέλλου στρατηγοῦντος· ἐν ταύτῃ νικᾶται τῶν Ἀφρῶν ὁ στρατηγὸς, τριάκοντα μὲν καὶ ἑκατὸν ἐλέφαντας ὁπλίτας ἄγων, στρατιὰν δὲ πασῶν τῶν ἔμπροσθεν μεγίστην· καὶ πίπτουσι μὲν εἴκοσι χιλιάδες ἀνδρῶν, ἐλέφαντες δὲ ἐζωγρήθησαν παρ’ αὐτὸν μὲν τὸν πόλεμον ἓξ καὶ εἴκοσι, τοὺς λοιποὺς δὲ οἱ συμμαχοῦντες αὐτῷ Νουμίδαι πλανωμένους συνέλαβόν τε καὶ παρεστήσαντο τῷ ὑπάτῳ. Μετὰ θαυμαστῆς οὖν πομπείας εἰς τὴν Ῥώμην εἰσῆλθε, τῶν ἐλεφάντων μεγέθει τε καὶ πλήθει τὰς ὁδοὺς πληρούντων.

XXXIV.

Περὶ τῆς Ῥηγούλου μεγαλοψυχίας. (An 503 de R. =
251 av. J. C.)

Οὗτος ὁ πόλεμος ἠνάγκασε τοὺς Ἀφροὺς καταφυγεῖν ἐπὶ τὸν Ῥη-
γοῦλον, ὃν ἐν δεσμοῖς εἶχον, παρεκάλουν τε αὐτὸν συμπρεσβεῦσαι
τοῖς ὑπ' αὐτῶν πρὸς Ῥωμαίους ἐκπεμπομένοις, ὥςτε αὐτοῖς γενέσθαι
σπονδὰς, καὶ τοὺς ἑκατέρων αἰχμαλώτους ἀντιδοθῆναι τοῖς οἰκείοις.
Τὸ μὲν οὖν πρῶτον ἀντιβολοῦντας αὐτοὺς ὁ Ῥηγοῦλος, καίτοι δέσμιος
ὢν, ἀπεωθεῖτο· νικηθεὶς δὲ τῇ προςεδρείᾳ, παραγίνεται μὲν εἰς τὴν
Ῥώμην· δοθέντος δὲ αὐτῷ λόγου, οὐδὲν ἠνέσχετο κατὰ Ῥωμαῖον ὑπα-
τικὸν ἄνδρα πρᾶξαι, φάσκων, « ἀφ' ἧς ἡμέρας ὑπὸ τοῖς πολεμίοις
ἐγένετο, τῆς Ῥωμαϊκῆς ἐκπεπτωκέναι πολιτείας. »

Οὔτε οὖν τὴν γαμετὴν ἐδέξατο περιπλοκὰς ζητήσασαν· καὶ σύμ-
βουλος γίνεται Ῥωμαίοις, μὴ προςέσθαι τοὺς Ἀφροὺς ἐπαγγέλλοντας
εἰρήνην. « Περικεκόφθαι γὰρ αὐτοῖς δυνάμεις, καὶ μήτε αὐτὸν, ἕνα
τε καὶ γεγηρακότα, μήτε τοὺς συννειλημμένους αὐτῷ, ἀξιόχρεως
ὑπειλῆφθαι χρῆναι πρὸς τοσούτων αἰχμαλώτων, τῶν ἐξ Ἀφρικῆς κα-
τεχομένων, ἀντίδοσιν. »

Ταῦτα συμβουλεύσας ἐκράτησε, οὐδενὸς τὴν τῶν Ἀφρῶν ἱκετείαν
δεξαμένου. Τῶν δὲ πρεσβευτῶν ἀπράκτων ἀποπεμφθέντων, συν-
απῆλθε καὶ ὁ Ῥηγοῦλος· καὶ βουλομένων αὐτὸν τῶν πολιτῶν κατέχειν,
οὐκ εἶξεν, ὡς οὐ δυνάμενος πρέπον ἀξίωμα πολίτῃ Ῥωμαίῳ ἔχειν,
μετὰ τὴν παρὰ τοῖς Ἀφροῖς δουλείαν. Ἐπανελθὼν οὖν πρὸς τὴν Ἀφρικὴν, πολυτρόποις ἐξεδόθη κολάσεσι, καὶ παρ' αὐταῖς τὸν βίον ἐτελεύτησεν.

ΤΕΛΟΣ

www.ingramcontent.com/pod-product-compliance
Ingram Content Group UK Ltd.
Pitfield, Milton Keynes, MK11 3LW, UK
UKHW022258120726
13694UKWH00003B/1105